신앙으로
살아가다

신앙으로 살아가다

이영훈 지음

LEADERSHIP
Biblical Leadership Lessons

세계교회성장연구원
CHURCH GROWTH WORLDWIDE

| Contents |

프롤로그 _ 6

Lesson 01 노아의 리더십
'순종과 인내' ———————— 10

Lesson 02 아브라함의 리더십
'믿음과 결단' ———————— 24

Lesson 03 요셉의 리더십
'꿈과 성실' ———————— 38

Lesson 04 모세의 리더십
'소명과 헌신' ———————— 52

Lesson 05 다윗의 리더십
'용기와 회개' ———————— 66

| Lesson 06 | 다니엘의 리더십 '원칙과 통찰' | 80 |

| Lesson 07 | 예수님의 리더십 '섬김과 용서' | 94 |

| Lesson 08 | 베드로의 리더십 '열정과 변화' | 108 |

| Lesson 09 | 바울의 리더십 '비전과 충성' | 122 |

| Lesson 10 | 요한의 리더십 '사랑과 영성' | 136 |

Prologue

『신앙으로 살아가다』는 기독교의 기본 교리에 대한 이해를 돕는 『신앙을 이해하다』의 후속편으로, 신앙을 실천하는 믿음의 인물들의 삶의 여정을 소개하고자 출간되었습니다. 성경에는 각 시대의 도전과 어려움 속에서 하나님의 뜻을 따라 믿음으로 살아간 위대한 리더들이 등장합니다. 이 책은 성경 속 인물들의 이야기를 통해, 다양한 상황 속에서 어떻게 신앙을 가지고 살아갈 수 있는지에 대한 방향을 제시합니다. 이들의 이야기는 단순한 역사적 기록을 넘어서, 오늘날 우리에게도 중요한 교훈을 전해 줍니다.

이 책에서 다루는 노아, 아브라함, 요셉, 모세, 다니엘, 다윗, 예수님, 베드로, 바울, 요한의 생애는 각기 다른 삶 속에서 신앙을 실천한 위대한 리더의 모본을 보여 줍니다.

구약성경에서 노아는 불신앙과 반역이 가득한 시대 속에서도 하나님께 순종하여 세상의 구원을 위한 방주를 준비했고, 아브라함은 오직 하나님의 약속을 믿고 자신의 고향을 떠나 새로운 약속의 땅으로 나아갔습니다. 요셉은 고난과 역경 속에서도 하나님을 신뢰함으로 애굽의 총리가 되어 가족과 이스라엘을 구원했고, 모세는 이스라엘 백성을 노예 생활에서 구출하며 출애굽의 위대한 여정을 완수했습니다. 다니엘은 바벨론의 이방 땅에서 하나님의 법도를 지키며 충성된 신앙의 삶을 살았고, 다윗은 하나님의 마음에 합한 왕으로서 이스라엘을 다스렸습니다.

　신약성경에서는 예수님께서 이 땅에 성육신하시어 하나님의 사랑을 실천하며 섬김과 희생의 리더십을 보여 주심으로써 인류에게 구원의 길을 열어 주셨습니다. 베드로는 초대교회의 기둥으로서 예수님의 부활과 복음을 증거하였고, 바울은 이방인 선교를 위해 목숨을 아끼지 않고 헌신하며 교회를 세워갔습니다. 마지막으로 요한은 하나님은 사랑이시라는 진리를 전하며 공동체를 섬겼고, 종말론적 교회의 사명을 제시했습니다.

이 책의 각 장은 성경 속 인물에 대한 소개, 그들이 직면했던 문제와 도전, 그리고 각 인물을 통해 배우는 리더십 원리와 신앙적 교훈을 다루고 있습니다. 또한 각 장의 마지막에는 생각해 볼 질문과 리더십 명언을 포함하여, 소그룹 토의나 개인적인 묵상을 위해 활용할 수 있도록 구성하였습니다. 이 책을 통해 세속화된 세상 속에서 어떻게 신앙으로 살아가야 하는지, 또 어떻게 하나님의 인도하심을 따라갈 수 있는지 깊이 묵상할 수 있을 것입니다. 이들 위대한 리더들의 헌신적인 믿음과 리더십의 모습은 오늘날 우리에게도 깊은 영적 통찰력을 제공할 것입니다.

마지막으로, 이 책이 신앙과 리더십의 본질을 깊이 이해하고 실천하는 데에 도움이 되기를 진심으로 바랍니다. 무엇보다 삶 속에서 마주하는 한계와 문제들을 신앙으로 이겨내고, 그 과정에서 힘과 용기를 얻으며, 영성과 리더십의 성장에도 큰 유익을 얻기를 소망합니다.

여의도순복음교회 담임목사
이영훈

Lesson 01

노아의 리더십
'순종과 인내'

Noah's Leadership

LEADE

> 노아는
> 하나님의 명령을 절대적으로 믿고 따르며
> 자신의 사명을 완수했다.
> 주변의 비웃음과 방해에도 결코 흔들리지 않고
> 끝까지 방주를 완성해 나가는 노아를 통해
> 순종과 인내의 리더십에 대해 살펴보자.

Lesson 01 — Noah's Leadership

노아의 리더십
'순종과 인내'

인물 탐구 '노아'

성경 창세기에 나오는 노아는 하나님의 말씀에 대한 믿음과 순종, 그리고 끈기와 인내의 상징으로 잘 알려져 있다. 노아의 이야기는 창세기 6장에서 9장까지 기록되어 있으며, 그의 삶과 홍수 사건이 주를 이룬다. 노아는 당대에 의롭고 흠이 없는 사람이었으며, 하나님과 동행하였다창세기 6:9. 그의 시대에는 사람들이 악행을 일삼았고, 그들의 죄악이 하늘에 닿았다.

하나님은 인간의 죄악을 보시고 땅을 심판하기로 결정하셨다. "여호와야훼께서 사람의 죄악이 세상에 가득함과 그의 마음으로 생각하는 모든 계획이 항상 악할 뿐임을 보시고" 땅을 심판하기로 하셨다창세기 6:5. 그러나 노아의 의로움을 보시고 그와 그의 가족을 구원하기로 하셨다. 하나님께서는 노아에게 방주를 만들라는 명령을 내리셨다.

"너는 고페르 나무로 너를 위하여 방주를 만들되 그 안에 칸들을 막고 역청을 그 안팎에 칠하라"_창세기 6:14

방주는 길이 300규빗약 135미터, 너비 50규빗약 22.5미터, 높이 30규빗약 13.5미터 크기의 거대한 배였다. 노아는 하나님의 말씀에 순종하여 방주를 만들기 시작했다. 주변 사람들의 비웃음과 의심 속에서도 노아는 포기하지 않고 하나님의 명령에 따라 끈기와 인내로 방주를 완성했다.

홍수가 시작되었을 때, 40일 동안 밤낮으로 비가 내렸고, 땅의 모든 샘이 터졌다. "홍수가 땅에 사십 일 동안 계속된지라 물이 많아져 방주가 땅에서 떠올랐고"창세기 7:17, 이로 인해 땅 위의 모든 생물이 멸망하였으며, 오직 방주 안에 있던 노아와 그의 가족, 그리고 동물들만이 살아남았다.

"물이 백오십 일을 땅에 넘쳤더라"_창세기 7:24

이 기간 동안 노아는 방주 안에서 가족과 동물들을 돌보며 긴 시간을 인내하였다. 방주는 아라랏산에 멈추게 되었고, 노아는 까마귀와 비둘기를 날려 보내어 물이 마른 것을 확인했다창세기 8:4-12. 땅이 완전히 마른 후, 하나님께서는 노아와 그의 가족에게 방주에서 나오라고 명령하셨다창세기 8:5-16.

노아는 방주에서 나와 하나님께 번제를 드렸고, 하나님은 노아와 그의 후손들에게 다시는 홍수로 땅을 멸하지 않겠다는 약속을 하셨다.

"내가 너희와 언약을 세우리니 다시는 모든 생물을 홍수로 멸하지 아니

할 것이라"_창세기 9:11

이 약속의 증표로 하나님은 무지개를 주셨다.

"무지개가 구름 사이에 있으리니 내가 보고 나 하나님과 모든 육체를 가진 땅의 모든 생물 사이의 영원한 언약을 기억하리라"_창세기 9:16

노아의 이야기는 믿음과 순종의 중요성을 보여 줄 뿐만 아니라, 그의 끈기와 인내를 통해 어려운 상황에서도 포기하지 않고 끝까지 노력하는 자세의 중요성을 보여 준다. 그는 하나님의 말씀을 믿고 따랐으며, 그 결과로 가족과 많은 생물을 구할 수 있었다.

Bible

창세기 6:9
이것이 노아의 족보니라 노아는 의인이요 당대에 완전한 자라 그는 하나님과 동행하였으며

창세기 8:4-16
⁴일곱째 달 곧 그 달 열이렛날에 방주가 아라랏산에 머물렀으며 ⁵물이 점점 줄어들어 열째 달 곧 그 달 초하룻날에 산들의 봉우리가 보였더라 ⁶사십 일을 지나서 노아가 그 방주에 낸 창문을 열고 ⁷까마귀를 내놓으매 까마귀가 물이 땅에서 마르기까지 날아 왕래하였더라 ⁸그가 또 비둘기를 내놓아 지면에서 물이 줄어들었는지를 알고자 하매 ⁹온 지면에 물이 있으므로 비둘기가 발 붙일 곳을 찾지 못하고 방주로 돌아와 그에게로 오는지라 그가 손을 내밀어 방주 안 자기에게로 받아들이고 ¹⁰또 칠 일을 기다려 다시 비둘기를 방주에서 내놓으매 ¹¹저녁때에 비둘기가 그에게로 돌아왔는데 그 입에 감람나무 새 잎사귀가 있는지라 이에 노아가 땅에 물이 줄어든 줄을 알았으며 ¹²또 칠 일을 기다려 비둘기를 내놓으매 다시는 그에게로 돌아오지 아니하였더라 ¹³육백일 년 첫째 달 곧 그 달 초하룻날에 땅 위에서 물이 걷힌지라 노아가 방주 뚜껑을 제치고 본즉 지면에서 물이 걷혔더니 ¹⁴둘째 달 스무이렛날에 땅이 말랐더라 ¹⁵하나님이 노아에게 말씀하여 이르시되 ¹⁶너는 네 아내와 네 아들들과 네 며느리들과 함께 방주에서 나오고

CHALLENGE TO NOAH
노아의 도전 '모두가 만류했던 방주 만들기'

노아는 마을 광장에 섰다. 사람들이 모여 들면서 노아의 방주 계획에 대한 비웃음과 비난이 점점 커져갔다. 한 젊은이가 큰소리로 외쳤다.

"노아, 너 정말 미쳤어! 이 평화로운 땅에 어떻게 홍수가 올 수 있다는 거지? 너의 말을 믿어줄 사람은 아무도 없어."

노아는 굳건하게 대답했다. "내가 받은 지시는 분명해. 홍수가 올 것이고, 우리는 준비해야 해. 나는 하나님의 명령을 따를 뿐이야. 비웃음 속에서도 나는 이 일을 계속할 거야. 언젠가는 모두가 이 방주의 필요성을 이해하게 될 거야."

그의 목소리는 확신에 차 있었고, 그의 눈빛은 흔들림 없이 사람들을 응시했다. 비록 지금은 혼자일지라도, 그는 자신이 옳은 일을 하고 있다는 것을 알고 있었다.

Key Point
노아는 하나님의 명령을 의지하고 방주를 만들어 나갔다.
그러나 사람들은 비웃으며 방해하기까지 했다.
하나님의 리더라면 이때 어떻게 해야 하는가?
고난과 어려움 속에서도 인내하며 준비를 멈추지 않는 자가
진정한 리더의 자격을 가진다.

Lesson 1 노아의 리더십 '순종과 인내'

LEADERSHIP LESSON
노아의 리더십

> "하나님이 노아에게 이르시되 모든 혈육 있는 자의 포악함이 땅에 가득하므로 그 끝 날이 내 앞에 이르렀으니 내가 그들을 땅과 함께 멸하리라 너는 고페르 나무로 너를 위하여 방주를 만들되 그 안에 칸들을 막고 역청을 그 안팎에 칠하라 네가 만들 방주는 이러하니 그 길이는 삼백 규빗, 너비는 오십 규빗, 높이는 삼십 규빗이라 거기에 창을 내되 위에서부터 한 규빗에 내고 그 문은 옆으로 내고 상 중 하 삼층으로 할지니라" _창세기 6:13-16

창세기 6장을 보면, 온 세상이 죄악으로 뒤덮였을 때 하나님께서는 노아에게 방주를 지으라고 명령하셨다. 노아는 하나님의 말씀에 순종해 방주를 완성해 40일간 비가 주야晝夜로 쏟아지는 대홍수를 대비했다. 노아의 방주는 구원의 상징이다. 노아와 방주 이야기를 통해 우리가 배울 수 있는 리더십 교훈이 있다.

리더십의 나침반 '순종'

하나님께서는 온 세상이 죄로 뒤덮였을 때 홍수로 세상을 심판하시기로 작정하셨다. 그리고 노아를 구원하시기 위해 그에게 방주를 지을 것을 명령하셨다. 노아는 그 당시 이해할 수 없는 지시, 즉 방주를 지으라는 하나님의 명령을 따랐다. 당시 기후와 환경으로 보면 방주는 전혀 필요하지 않은 것이었다.

노아가 하나님의 말씀에 순종하여 방주를 짓겠다는 결정은 주변 사람들로부터 조롱과 무시를 받았을 것이다. 그러나 노아는 하나님의 명령에 의심 없이 따르며 방주를 설계하고 만들기 시작했다.

리더십의 키 '끈기와 인내'

노아의 프로젝트는 단순히 오랜 시간이 걸리는 일만은 아니었다. 노아는 자신과 가족의 생존을 위해, 또한 지구상의 모든 동물 종을 보존하기 위해 방대한 크기의 방주를 짓는 대업을 완수해야 했다. 이 거대한 작업은 상상을 초월하는 인내와 체력을 필요로 했고, 노아는 이 모든 도전을 끈기와 인내로 극복했다. 그의 리더십에서 끈기는 단순한 인내를 넘어선다. 그것은 하나님의 뜻에 대한 굳건한 믿음에서 비롯된 것이었다.

결국 노아의 끈기는 큰 보상을 받았다. 방주가 완성되고 홍수가 찾아왔을 때, 노아와 그의 가족 그리고 방주에 태운 동물들만 살아남을 수 있었다. 노아의 이야기는 리더로서의 그의 끈기가 단순한 물리적 작업의 완수를 넘어, 순종과 끈기를 통한 최종 목표 달성에 이르는 과정을 잘 보여 준다.

FAITH LIFE
신앙으로 살아가다 '천장의 창문 바라보기'

　방주 안으로 들어가는 문은 옆으로 낸 문 하나뿐이었다. 노아의 방주 옆으로 난 그 문을 통해 들어가야만 홍수의 심판에서 구원받을 수 있었다. 노아와 그 식구들은 하나님의 말씀을 신뢰하고 순종해 방주에 들어갔다. 그들은 믿음으로 방주에 들어감으로 홍수의 심판에서 구원받을 수 있었다. 홍수 심판 때 '방주 안에 있었느냐? 아니면 방주 밖에 있었느냐?'에 따라 심판과 구원이 결정됐다.

　노아의 가족들이 방주 안으로 들어갔을 때 방주의 문은 닫혔고, 그 이후로는 아무도 들어갈 수 없었다. 방주의 문이 닫히면 더 이상의 구원의 기회는 없다. 성경을 보면 구원의 문이 여기저기 열려 있는 것이 아니다. 오직 예수님만이 유일한 구원의 문이 되신다. 죄에서 구원받는 유일한 길은 예수 그리스도를 영접하는 길밖에 없다요한복음 1:12. 노아의 방주와 같이 예수 안에 있으면 어떤 환란과 역경이 다가와도 안전하다.

　노아의 방주는 3층으로 만들어져 있었다. 그런데 하나님께서는 창문을 3층 꼭대기 천장에서 한 규빗45㎝되는 곳에 딱 하나만 달도록 하셨다. 일반적으로 배 옆에 창문을 달지만, 하나님은 천장에 창문을 달게 하셨다. 위로 열린 창문 하나, 그 창으로 무엇이 보이겠는가? 하늘만 보였을 것이다. 노아와 가족들은 하늘만 바라보며 위로와 소망을 가질 수 있었다. 만일 옆으로 낸 창문이 있었다면 대홍수로 죽어가는 수많은 사람을 보면서 슬픔, 근심이 가득했을 것이다. 그래서 하나님은 노아가

홍수와 파도를 보지 않고 위로 나 있는 창문을 통해 하늘만 바라보게 했다. 이것은 아무리 큰 환난이 닥쳐와도 위로 열린 문을 통해 하나님만을 바라보면 승리할 수 있다는 것을 보여 준다.

40일간의 대홍수 기간 동안 노아의 방주 안에 있는 노아의 가족들과 생물들은 하나님의 보호하심으로 안전했다. 노아의 방주에는 배의 키를 조정하는 선장도, 나침반도, 지도도 아무것도 없었다. 그러나 그곳에는 하나님이 계셨다. 하나님께서 노아의 방주를 직접 운전하시고, 인도하신 것이다.

Bible

요한복음 1:12
영접하는 자 곧 그 이름을 믿는 자들에게는 하나님의 자녀가 되는 권세를 주셨으니

INSIGHTS 배움 및 적용

리더는 때로 사람들이 이해하지 못하는 결정을 내려야 한다. 노아는 하나님이 지시한 대로 방주를 지으라는 명령을 받았을 때 그러한 결정을 내려야 했다. 당시 사람들은 그의 말을 믿지 않았고, 그의 믿음과 결정을 조롱했다. 그러나 노아는 하나님의 말씀에 대한 믿음과 불굴의 인내심을 발휘하여 대홍수라는 전례 없는 사건을 미리 준비했다.

이는 오늘날 우리가 직면할 수 있는 상황과 유사하다. 타인의 의심이나 비판 속에서 자신이 옳다고 믿는 일을 추진하기는 쉽지 않다. 그러나 리더는 때때로 인기 없는 결정이라도 하나님의 뜻에 맞는 올바른 방향이라면 끝까지 추진하는 신념과 용기가 필요하다. 자신이 옳다고 믿는 일을 추진하면서, 타인의 의심이나 비판을 극복하는 것은 분명 쉽지 않은 일이다.

노아의 이야기는 리더가 겪을 수 있는 외로움과 압박을 상징적으로 보여 준다. 혼자서 맞서야 하는 결정의 순간들에 노아는 끝까지 하나님의 말씀에 순종하며 자기에게 주어진 사명을 완수한다. 때때로 리더는 자신이 옳다고 믿는 길을 걷기 위해 주변의 기대나 통념을 거스를 준비가 되어 있는지 스스로에게 물어볼 필요가 있다.

Noah's Leadership

노아의 리더십에서 배울 수 있는 중요한 점은 끈기와 인내이다. 노아는 끝까지 하나님의 말씀에 순종하며 방주를 만들었다. 리더는 목표 달성을 위해 장기간의 헌신과 인내가 필요하다. 어려운 상황이 닥쳐도 중도에 포기하지 않고 일을 완수하는 끈기를 가져야 한다. 예상치 못한 위기나 도전이 닥쳤을 때라도 노아처럼 끝까지 자신의 길을 갈 수 있어야 한다.

REFLECTION 생각해 볼 질문

1. 노아가 하나님의 명령에 순종하여 방주를 짓기로 결정하는 과정에서 어떤 내적 갈등이 있었을까요?
   _____
   _____

2. 노아가 방주를 지으면서 자신의 가족들에게 어떻게 신뢰와 믿음을 심어 주었을까요?
   _____
   _____

3. 노아가 주변 사람들의 반응과 비난에도 불구하고 오랜 세월 하나님의 명령을 순종할 수 있었던 원동력은 무엇이었을까요?
   _____
   _____

4. 리더가 외로움과 압박감을 겪을 때, 어떻게 극복할 수 있을까요? 노아의 사례에서 배울 수 있는 점은 무엇인가요? 노아에게서 배울 수 있는 리더십 원리를 개인적인 경험과 함께 나누어 봅시다.
   _____
   _____

많은 인생의 실패자들은 포기할 때
자신이 성공에서
얼마나 가까이 있었는지 모른다.

Many of life's failures are those who didn't know
how close they were to success when they gave up.

토머스 에디슨 Thomas A. Edison

Lesson 02

아브라함의 리더십
'믿음과 결단'

Abraham's Leadership

> 아브라함은
> 하나님의 약속을 믿고 순종하는 삶을 살았다.
> 외아들 이삭을 번제로 드리라는 명령에도
> 하나님을 향한 흔들림 없는 신뢰를 보여 준
> 아브라함을 통해 믿음과 결단의 리더십에 대해 살펴보자.

RSHIP

Lesson 02 — Abraham's Leadership

아브라함의 리더십
'믿음과 결단'

🔍 인물 탐구 '아브라함'

성경 창세기에 등장하는 아브라함은 믿음과 순종의 상징으로 잘 알려져 있다. 그의 이야기는 창세기 12장에서 25장까지 기록되어 있으며, 아브라함의 삶과 신앙, 하나님의 약속이 주요 내용이다. 아브라함은 원래 아브람Abram, 큰 아버지이라는 이름으로 불렸다. 그는 메소포타미아 지역의 우르에서 태어나 살다가 하나님의 부르심을 받았다. 하나님께서는 아브람에게 그의 고향과 친척, 아버지의 집을 떠나 내가 네게 보여줄 땅으로 가라고 말씀하시며 복을 주실 것을 약속하셨다.

> "내가 너로 큰 민족을 이루고 네게 복을 주어 네 이름을 창대하게 하리니 너는 복이 될지라"_창세기 12:2

아브람은 하나님의 말씀에 순종하여 아내 사래와 조카 롯을 데리고 하란을 떠나 가나안 땅으로 갔다. 가나안 땅에 도착한 아브람은 하나님의 지시를 따라 여러 곳을 돌아다니며 제단을 쌓고 하나님께 예배를 드렸다. 그러다 그 땅에 기근이 들어 잠시 애굽이집트, Egypt으로 내려갔다가 다시 가나안으로 돌아왔다. 아브람은 하나님의 약속을 믿고 기다렸지만, 오랜 시간 동안 자녀가 없었기에 고민이 많았다. 그러자 하나님은 그에게 하늘의 별처럼 많은 후손을 주겠다고 다시 약속하셨다.

"그를 이끌고 밖으로 나가 이르시되 하늘을 우러러 뭇별을 셀 수 있나 보라 또 그에게 이르시되 네 자손이 이와 같으리라"_창세기 15:5

그러나 아브람과 사래는 여전히 자녀가 없었고, 결국 사래는 자신의 여종 하갈을 아브람에게 주어 자녀를 낳게 했다. 하갈은 아브람의 아들 이스마엘을 낳았으나, 이는 하나님의 계획이 아니었다. 하나님은 다시 아브람에게 나타나셔서 그의 이름을 아브라함열국(列國, 여러 민족)의 아버지, 창세기 17:4-5으로, 사래의 이름을 사라로 바꾸시고, 사라가 아들을 낳을 것이라고 약속하셨다.

"하나님이 이르시되 아니라 네 아내 사라가 정녕 네게 아들을 낳으리니 너는 그 이름을 이삭이라 하라"_창세기 17:19

약속대로 사라는 나이가 많아 아이를 낳을 수 없는 상황이었음에도 불구하고 아들을 낳았다창세기 21:2. 아브라함은 그의 이름을 이삭이라 지었다. 아브라함은 하나님의 명령을 받아들여 이삭에게 할례를 행하고, 하나님의 약속을 믿었다. 아브라함의 믿음은 하나님이 이삭을 번제로 바치라는 명령을 내렸을 때 더욱 빛을 발했다. 아브라함은 이 명령에 순종하여 이삭을 제물로 바치려 했으나, 하나님은 이를 막으시고 아브라함의 믿음을 인정하셨다.

> "네가 네 아들 네 독자까지도 내게 아끼지 아니하였으니 내가 이제야 네가 하나님을 경외하는 줄을 아노라" _창세기 22:12

아브라함은 하나님의 약속을 믿고 순종하는 삶을 살았다. 그의 이야기는 오늘날에도 많은 사람에게 영감과 교훈을 주고 있다. 아브라함은 하나님과의 깊은 신뢰 관계 속에서 하나님의 약속을 믿고 따랐다. 그 결과 그의 후손은 큰 민족을 이루었고, 그는 믿음의 조상이 될 수 있었다.

Bible

창세기 17:4-5
⁴보라 내 언약이 너와 함께 있으니 너는 여러 민족의 아버지가 될지라 ⁵이제 후로는 네 이름을 아브람이라 하지 아니하고 아브라함이라 하리니 이는 내가 너를 여러 민족의 아버지가 되게 함이니라

창세기 21:2
사라가 임신하고 하나님이 말씀하신 시기가 되어 노년의 아브라함에게 아들을 낳으니

CHALLENGE TO ABRAHAM
아브라함의 도전 '아들을 바칠 수 있는가?'

아브라함은 조용히 혼잣말을 시작했다.

"하나님이 내게 요구하신 것, 그것은 이 세상의 모든 아버지의 심장을 무너뜨릴 명령이리라. 내가 사랑하는 이삭, 내가 기다려온 약속의 아들…. 이제 그를 하늘에 제물로 바치라 하시니, 이는 내 신앙의 모든 것을 시험하는 일이로구나."

아브라함은 깊은 숨을 쉬며 자신의 믿음을 다잡는다.

"내가 선택한 이 길, 정말 이것이 당신의 뜻인가요, 하나님? 내 마음은 깊은 슬픔에 잠기고, 내 영혼은 갈등으로 찢기는구나! 하지만 내가 지금껏 걸어온 길은 당신을 따르는 길이었습니다. 이삭을 통해 보여 주신 약속, 그것이 나의 믿음의 근거입니다. 그러나 이제 당신은 그 약속을 제물로 요구하시니 내 삶은 당신의 뜻에 따르는 것으로 충분합니다. 내 모든 것을 당신께 맡기오니, 이 험난한 길에서도 당신의 손길이 나를 인도하시길 바랄 뿐입니다."

Key Point
아브라함은 하나님의 말씀을 따라 이삭을 데리고 모리아산으로 나아간다.
이 상황을 누가 이해할 수 있을까?
리더라면 이해하기 어려운 상황 속에서 어떻게 결정을 내려야 할까?
어려움 가운데에도 하나님의 말씀을 신뢰하고 결단하며
나아가는 자가 진정한 리더의 자격을 가진다.

LEADERSHIP LESSON
아브라함의 리더십

"그 일 후에 하나님이 아브라함을 시험하시려고 그를 부르시되 아브라함아 하시니 그가 이르되 내가 여기 있나이다 여호와야훼께서 이르시되 네 아들 네 사랑하는 독자 이삭을 데리고 모리아 땅으로 가서 내가 네게 일러 준 한 산 거기서 그를 번제로 드리라 아브라함이 아침에 일찍이 일어나 나귀에 안장을 지우고 두 종과 그의 아들 이삭을 데리고 번제에 쓸 나무를 쪼개어 가지고 떠나 하나님이 자기에게 일러 주신 곳으로 가더니 … 이에 아브라함이 종들에게 이르되 너희는 나귀와 함께 여기서 기다리라 내가 아이와 함께 저기 가서 예배하고 우리가 너희에게로 돌아오리라 하고"_창세기 22:1-3, 5

창세기 22장을 보면, 하나님께서 아브라함을 부르셔서 그의 독자 이삭을 번제로 드리라고 명령하셨다. 아브라함은 하나님을 향한 흔들림 없는 믿음과 결단을 통해 우리가 배울 수 있는 리더십의 교훈을 준다.

리더십의 나침반 '믿음'

창세기 22장 5절에는 "이에 아브라함이 종들에게 이르되 너희는 나귀와 함께 여기서 기다리라 내가 아이와 함께 저기 가서 예배하고 우리가 너희에게로 돌아오리라 하고"라고 기록되어 있다. 아브라함은 하나님을 향한 깊은 신뢰가 있었다. 그는 번제를 드리러 가면서도 "우리가 너희에게로 돌아오리라"고 말했는데, 이는 그가 하나님을 믿는 깊은 믿음에서 비롯된 것이다. 아브라함은 하나님께서 죽은 자를 살리시며 없는 것을 있는 것으로 부르시는 분임을 알았기에, 바랄 수 없는 상황에서도 바라고 믿었다로마서 4:17-18.

아브라함은 100세에 얻은 아들 이삭을 하나님께서 데려가신다 해도 다시 주실 것을 굳게 믿었다. 비록 방법은 알지 못했지만, 하나님께서 인도하실 것이라는 사실을 흔들림 없이 신뢰했다.

리더십의 키 '결단'

아브라함은 하나님의 명령을 받았을 때, 그 누구와도 의논하지 않았다. 만약 그가 가족과 상의했다면, 결코 이삭을 데리고 갈 수 없었을 것이다. 예를 들어, 아내에게 "여보, 내가 하나님의 음성을 들었는데, 이삭을 데리고 가서 번제로 바치라고 하시네"라고 말했다면, 사라는 아마도 이렇게 대답했을 것이다. "당신 제정신이 아니군요. 차라리 날 죽이고 가요. 절대로 이삭을 데려갈 수 없어요"라고 했을 것이다. 그러면 밤새도록 다투었을 것이고, 아브라함은 결국 이삭을 데리고 가지 못했을 것이다.

그래서 아브라함은 누구와도 의논하지 않았고, 망설임 없이 이른 아침 일찍 일어나 이삭을 데리고 떠난 것이다.

> **Bible**
>
> 로마서 4:17-18
> ¹⁷그가 믿은 바 하나님은 죽은 자를 살리시며 없는 것을 있는 것으로 부르시는 이시니라
> ¹⁸아브라함이 바랄 수 없는 중에 바라고 믿었으니

FAITH LIFE
신앙으로 살아가다 '우선순위 바르게 세우기'

이삭은 아브라함에게 있어서 생명의 분신이었다. 그의 전부였다. 눈에 넣어도 아프지 않을 정도로, 귀한 아들이었다. 그 아들이 기쁨이고 그 삶의 목적이고 희망이었다. 100세에 얻은 아들이기에 아브라함에게 이삭만큼 소중한 것은 없었을 것이다. 이제는 그 아들이 잘되는 것이 아브라함의 유일한 기쁨이었을 것이다.

그런데 하나님께서는 아브라함이 자나 깨나 앉으나 서나 이삭만을 찾을 때 과연 하나님을 얼마나 사랑하고 있는지 그를 시험해 보기 위해 아브라함을 부르시고 이삭을 제물로 드리라고 명령하셨다. 자신의 아들을 자신의 손으로 죽여야 한다는 것이다. 그냥 다른 사람 손에 맡기는 것도 아니었다. 사랑하는 아들, 하나뿐인 아들, 자신보다 더 소중하게 생각하는 아들을 자신이 칼로 죽이고, 그 죽은 아들의 몸을 불로 태워야 했다. 이게 말이 되는 소리일까?

사람들은 때때로 선물을 주신 하나님보다 그 선물 자체에 더 집중하는 경향이 있다. 선물을 주신 하나님은 보이지 않고 선물만 눈에 보이기 때문에, 눈에 보이는 선물을 더 귀하게 여길 때가 있는 것이다. 선물을 주신 하나님보다 선물을 더 사랑할 때 문제가 생긴다. 우선순위가 바뀌면 안 된다. 하나님보다 다른 무엇인가를 더 사랑할 때 그것은 우상이 되어 우리를 하나님께로부터 멀어지게 한다. 아브라함은 우선순위를 지켰다.

"아브라함은 시험을 받을 때 믿음으로 이삭을 드렸으니 그는 약속들을 받은 자로되 그 외아들을 드렸느니라 그에게 이미 말씀하시기를 네 자손이라 칭할 자는 이삭으로 말미암으리라 하셨으니 그가 하나님이 능히 이삭을 죽은 자 가운데서 다시 살리실 줄로 생각한지라 비유컨대 그를 죽은 자 가운데서 도로 받은 것이니라"_히브리서 11:17-19

우선순위를 바르게 세운 아브라함에게 하나님께서는 창세기 22장 12절에 "사자가 이르시되 그 아이에게 네 손을 대지 말라 그에게 아무 일도 하지 말라 네가 네 아들 네 독자까지도 내게 아끼지 아니하였으니 내가 이제야 네가 하나님을 경외하는 줄을 아노라"고 말씀하셨다. 하나님께서는 아브라함의 믿음을 인정하시고 그를 믿음의 조상으로 세워주셨다.

INSIGHTS 배움 및 적용

리더가 때로는 대중의 의견이나 자신의 내면의 목소리와 상반되는 결정을 내려야 할 때가 있다. 아브라함은 리더십의 극한 시험에 직면했다. 하나님의 명령에 따라 사랑하는 아들 이삭을 제물로 바치라는 극단적인 요구에 대한 결정은 아브라함뿐만 아니라, 그 누구에게도 어려운 일이었다. 이때 아브라함은 하나님의 뜻에 깊이 몰입하였다. 이해할 수 없고 충격적인 지시였음에도 불구하고 하나님을 신뢰했다. 이는 오늘날의 리더에게 중요한 교훈을 제공해 준다.

아브라함의 사례는 자신의 이익을 희생하면서 조직의 장기적 발전을 도모해야 하는 어려운 선택을 해야 할 때가 있다는 것을 보여 준다. 그의 결정은 개인적으로는 극심한 고통을 수반했지만, 신앙의 고결한 깊이를 보여 주었고, 후대에 걸쳐 그의 가문에 지속적인 축복을 가져다주었다. 아브라함의 하나님에 대한 흔들림 없는 신뢰는 그의 신속한 결단에 따라 완성되었다.

우리의 삶은 선택과 결정의 연속이다. 우리는 매 순간 선택을 해야 하고 결정을 해야 한다. 그러므로 우리는 언제나 어떠한 선택을 하고 결정을 할 때 가장 올바른 선택과 최선의 결정을 할 수 있어야 한다. 그의 순종과 헌신은 그를 대가족의 조상으로, 믿음의 아버지로, 그리고 결국은 수많은 민족의 축복의 근원으로 만들어 주었다. 이러한 결과는 오늘날의

Abraham's Leadership

리더에게 불확실성 속에서도 올바른 결정을 고수하고 신속한 결단을 통해 일을 추진하는 것이 얼마나 중요한지를 상기시켜준다. 아브라함의 리더십 여정은 우리 모두에게 긴 안목을 가지고, 때로는 가장 어렵지만 지혜로운 결정을 내려야 할 필요성을 일깨워 주는 좋은 사례이다.

REFLECTION 생각해 볼 질문

1. 아브라함이 모리아산으로 번제를 드리러 갈 때 어떤 내적 갈등이 있었을까요?
   _____
   _____

2. 아브라함이 이삭을 바치려 했던 사건이 그의 신앙과 하나님과의 관계에서 어떤 변화를 가져왔을까요?
   _____
   _____

3. 아브라함의 희생의 결단과 믿음은 우리에게 어떤 리더십의 교훈을 줄까요?
   _____
   _____

4. 어려운 상황에서 올바른 결정을 내리기 위해 우리는 어떤 원칙을 고려해야 할까요? 어떻게 해야 그 원칙을 지키면서 문제를 해결할 수 있을까요?
   _____
   _____

하나님은 여정이 쉬울 것이라고
말씀하지 않으셨지만,
도착은 가치 있을 것이라고 하셨다.

God never said that the journey would be easy,
but He did say that the arrival would be worthwhile.

맥스 루케이도 Max Lucado

Lesson 03

요셉의 리더십
'꿈과 성실'

Joseph's Leadership

LEADE

"

요셉은
하나님의 섭리 가운데 꿈을 잃지 않고
인내로 역경을 극복했다.
시련을 겪으면서도 절망하지 않고
끝까지 하나님을 신뢰하는 요셉을 통해
꿈과 성실의 리더십에 대해 살펴보자.

"

Lesson 03
Joseph's Leadership

요셉의 리더십
'꿈과 성실'

👤 인물 탐구 '요셉'

성경 창세기에 나오는 요셉은 인내와 용서, 하나님의 섭리를 상징하는 인물로 잘 알려져 있다. 그의 이야기는 창세기 37장에서 50장까지 기록되어 있으며, 요셉의 생애와 하나님의 계획이 어떻게 실현되는지를 보여 준다.

요셉은 야곱과 라헬의 아들로 태어났다. 야곱은 요셉을 특별히 사랑하여 그에게 채색 옷을 입혔다. 이로 인해 요셉의 형들은 그를 질투하게 되었다. 어느 날, 요셉은 꿈을 꾸고 그 꿈을 형들에게 이야기했다. 꿈에서 요셉은 자신이 형들보다 높이 서게 되는 장면을 보았고, 이는 형들의 질투와 미움을 더욱 키웠다.

"요셉이 꿈을 꾸고 자기 형들에게 말하매 그들이 그를 더욱 미워하였더라"_창세기 37:5

형들은 요셉을 해치기로 결심하고, 그를 우물에 던진 후 애굽으로 가는 상인들에게 팔아넘겼다. 요셉은 애굽에서 보디발의 집에서 노예로 일하게 되었다. 하지만 요셉은 성실하고 지혜로워 보디발의 신임을 얻게 되었고, 그의 집안 전체를 관리하는 자리에 오르게 되었다.

> "여호와야훼께서 요셉과 함께하시므로 그가 형통한 자가 되어 그의 주인 애굽 사람의 집에 있으니" _창세기 39:2

그러나 보디발의 아내가 요셉을 유혹하려 했고, 이를 거절한 요셉은 누명을 쓰고 감옥에 갇히게 되었다. 하지만 감옥에서도 하나님은 요셉과 함께하셨고, 요셉은 감옥의 모든 일을 맡아 관리하게 되었다.

> "여호와야훼께서 요셉과 함께하시고 그에게 인자를 더하사 간수장에게 은혜를 받게 하시매" _창세기 39:21

요셉은 감옥에서 바로의 술 맡은 관원장과 떡 굽는 관원장의 꿈을 해석해 주었다. 그의 해석은 정확히 들어맞았고, 이는 후에 바로가 하나님이 주신 꿈을 꾸었을 때 요셉이 해석자로서 부름 받게 되는 계기가 되었다. 바로의 꿈을 해석한 요셉은 애굽에 큰 흉년이 들 것을 예언하고, 그에 대비하는 계획을 제안하였다. 바로는 요셉의 지혜를 인정하여 그를 애굽의 총리로 임명하였다창세기 41:38-40.

요셉은 총리가 되어 흉년을 대비해 곡식을 저장하였고, 흉년이 들었을 때 많은 사람을 구원하였다. 이 과정에서 요셉의 형들이 양식을 구하러 애굽으로 오게 되었고, 요셉이 그들을 만나게 되었다. 요셉은 한눈에 형들을 알아보았으나 그들은 요셉을 알아보지 못했다. 요셉은 형들을 시험한 후, 자신이 그들의 동생 요셉임을 밝히고 그들을 용서하였다.

> "당신들이 나를 이 곳에 팔았다고 해서 근심하지 마소서 한탄하지 마소서 하나님이 생명을 구원하시려고 나를 당신들보다 먼저 보내셨나이다"
> _창세기 45:5

요셉의 이야기는 하나님의 섭리와 계획이 어떻게 실현되는지를 보여준다. 요셉은 하나님께서 주신 꿈을 가지고 끝까지 하나님을 신뢰하고 인내하며 자신의 위치에서 성실하게 최선을 다했다. 요셉의 삶은 여전히 수많은 사람에게 큰 영감과 교훈을 주고 있다.

Bible

창세기 41:38-40

³⁸바로가 그의 신하들에게 이르되 이와 같이 하나님의 영에 감동된 사람을 우리가 어찌 찾을 수 있으리요 하고 ³⁹요셉에게 이르되 하나님이 이 모든 것을 네게 보이셨으니 너와 같이 명철하고 지혜 있는 자가 없도다 ⁴⁰너는 내 집을 다스리라 내 백성이 다 네 명령에 복종하리니 내가 너보다 높은 것은 내 왕좌뿐이니라

CHALLENGE TO JOSEPH
요셉의 도전 '꿈꾸는 자의 시련'

요셉은 아버지의 특별한 사랑을 받는 막내로서 형들 사이에서 늘 소외감을 느꼈다. 그러나 그는 자신의 꿈을 통해 하나님의 큰 계획이 자신에게 있음을 믿었다.

이날도 요셉은 아버지의 심부름으로 형들을 찾아 돕기 위해 들판을 향해 걸음을 옮겼다. 멀리서 형들의 모습이 보였지만, 그들의 얼굴엔 무언가 심상치 않은 기색이 역력했다. 그럼에도 요셉은 기쁜 마음으로 형들에게 다가갔다. "꿈꾸는 자가 오는도다. 자, 그를 죽여 한 구덩이에 던지고…." 형들의 험한 말과 계획이 점점 더 구체적으로 드러날 때, 요셉의 가슴은 천둥 같은 충격으로 가득 찼다.

형들은 그를 죽이지는 않았지만, 노예로 팔아 버렸다. 요셉은 두려움과 배신감으로 몸서리쳤다. 그러나 그의 내면 깊은 곳에서는 하나님께서 주신 꿈을 통해 자신이 인도될 것이라는 믿음이 자리하고 있었다.

Key Point
요셉은 절망 속에서 형들에게 자신을 노예로 팔지 말아 달라고 애원했지만, 형들은 그의 외침을 외면했다.
노예로 팔려 가는 요셉의 앞날에 무슨 일이 일어날지는 오직 하나님만이 알고 계신다.
어려움 속에서도 꿈과 비전을 잃어버리지 않고,
역경을 극복하며 인내하는 자가 진정한 리더의 자격을 가진다.

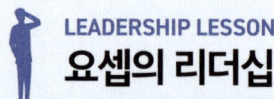
LEADERSHIP LESSON
요셉의 리더십

"요셉이 그들에게 가까이 오기 전에 그들이 요셉을 멀리서 보고 죽이기를 꾀하여 서로 이르되 꿈 꾸는 자가 오는도다 자, 그를 죽여 한 구덩이에 던지고 우리가 말하기를 악한 짐승이 그를 잡아먹었다 하자 그의 꿈이 어떻게 되는지를 우리가 볼 것이니라 하는지라"_창세기 37:18-20

요셉은 형제들로부터 배신당하고 노예로 팔리며 여러 가지 어려움에 직면하지만, 요셉은 이 모든 상황에서 꿈과 비전을 잃어버리지 않는다. 요셉은 단순히 상황을 견디는 것에 그치지 않고 자신이 처한 상황에서 최선을 다해 성실하게 일하며 하나님의 꿈이 성취되기를 기다린다.

🧭 리더십의 나침반 '꿈'

요셉의 이야기는 성경적 리더십의 중요한 본보기로, 하나님이 주신 꿈과 비전을 통해 이끄는 지도자의 모습을 잘 보여 준다. 요셉은 어린 시절부터 특별한 꿈을 꾸었고, 이는 하나님이 요셉을 통해 큰일을 이루실 것이라는 예언적 비전이었다. 이를 통해 요셉은 하나님께서 자신을 통해 이루실 비전을 가지고 계심을 어렴풋이 알게 되었다. 요셉의 형들은 꿈에 사로잡혀 있는 요셉을 시기하고 미워하여 심지어 죽이려고까지 했다창세기 37:5-8. 결국 그는 형들의 질투와 미움으로 애굽에 노예로 팔렸다. 그럼에도 불구하고 요셉은 꿈을 잊지 않고 하나님의 인도하심을 믿으며 살아갔다.

하나님이 그에게 주신 꿈과 비전을 가지고 참고 견디고 훈련을 받으며 준비가 되었다. 하나님께서는 준비된 요셉을 당시 최대 강대국인 애굽의 총리대신으로 세우셔서 기근에서 사람들을 구원하시려는 하나님의 계획을 이루셨다. 꿈꾸는 사람은 그 누구도 막을 수 없다. 리더는 자신의 비전이 하나님의 계획 안에서 이루어질 것임을 확신하며 나아가야 한다. 요셉처럼 꿈과 비전을 품고, 어려움 속에서도 믿음을 지키며 나아가는 것이 중요하다.

리더십의 키 '성실'

요셉은 보디발의 집에서 노예로 있을 때부터 성실함을 바탕으로 리더십을 발휘했다. 성경에는 "요셉이 그의 주인에게 은혜를 입어 섬기매 그가 요셉을 가정 총무로 삼고 자기의 소유를 다 그의 손에 위탁하니"창세기 39:4라고 기록되어 있다. 보디발은 하나님께서 요셉과 함께하시고, 요셉이 맡겨진 일에 성실하게 최선을 다했음을 인정하였다. 그래서 자신의 모든 소유를 관리하도록 요셉을 신뢰한 것이다. 감옥 생활 중에도 요셉의 성실함은 계속되었다.

> "여호와야훼께서 요셉과 함께하시고 그에게 인자를 더하사 간수장에게 은혜를 받게 하시매 간수장이 옥중 죄수를 다 요셉의 손에 맡기므로 그 제반 사무를 요셉이 처리하고 간수장은 그의 손에 맡긴 것을 무엇이든지 살펴보지 아니하였으니 이는 여호와야훼께서 요셉과 함께하심이라 여호와야훼께서 그를 범사에 형통하게 하셨더라"_창세기 39:21-23

감옥의 관리인 역시 요셉의 뛰어난 리더십과 성실함을 인정하고 모든 죄수를 그의 손에 맡겼음을 알 수 있다. 애굽의 총리가 된 후에도 요셉은 성실하게 자신의 역할을 수행하며 큰 기근에 대비한 계획과 통치를 성공적으로 수행했다. 이로 인해 애굽뿐만 아니라 주변 국가들까지 살리고 구제할 수 있게 되었다. 요셉의 이야기는 성실함이 리더의 탁월성을 극대화하는 방법임을 보여 준다. 그리고 모든 상황에서 성실하게 임함으로써 불리한 상황조차 기회로 바꿀 수 있다는 점도 보여 준다.

Bible

창세기 37:5-8

⁵요셉이 꿈을 꾸고 자기 형들에게 말하매 그들이 그를 더욱 미워하였더라 ⁶요셉이 그들에게 이르되 청하건대 내가 꾼 꿈을 들으시오 ⁷우리가 밭에서 곡식 단을 묶더니 내 단은 일어서고 당신들의 단은 내 단을 둘러서서 절하더이다 ⁸그의 형들이 그에게 이르되 네가 참으로 우리의 왕이 되겠느냐 참으로 우리를 다스리게 되겠느냐 하고 그의 꿈과 그의 말로 말미암아 그를 더욱 미워하더니

FAITH LIFE
신앙으로 살아가다 '용서하는 리더로 살아가기'

> "요셉의 형제들이 그들의 아버지가 죽었음을 보고 말하되 요셉이 혹시 우리를 미워하여 우리가 그에게 행한 모든 악을 다 갚지나 아니할까 하고"_창세기 50:15

요셉의 형들은 아버지가 세상을 떠나자 '아, 이제는 요셉이 우리에게 복수하겠구나'라고 생각하며 두려움에 떨었다. 그래서 형들은 요셉에게 몰려와서 엎드려 절하며 우리가 과거에 잘못 생각을 해서 당신을 미워하여 노예로 팔았지만, 그건 그때 잠깐 우리의 실수이지 절대로 당신을 망하게 하려고 한 것이 아니고 고통을 주려고 한 것이 아니라며 빌었다. 그때 요셉이 다음과 같은 놀라운 고백을 한다.

> "요셉이 그들에게 이르되 두려워하지 마소서 내가 하나님을 대신하리이까 당신들은 나를 해하려 하였으나 하나님은 그것을 선으로 바꾸사 오늘과 같이 많은 백성의 생명을 구원하게 하시려 하셨나니"_창세기 50:19-20

요셉은 그들을 용서했다. 자신을 시기하고 미워하여 죽이려 했다가 노예로 팔아 버린 형들도 용서하고 자기에게 누명 씌워서 감옥에 집어넣은 보디발의 아내도 용서했다. 자기 앞에 두려워 떨고 있던 사람들을 오히려 위로하고 격려했다.

> "당신들은 두려워하지 마소서 내가 당신들과 당신들의 자녀를 기르리이

다 하고 그들을 간곡한 말로 위로하였더라"_창세기 50:21

　우리는 우리에게 잘못한 사람들을 쉽게 용서하지 못한다. 마음속에 다 한을 품고 산다. 그러나 리더라면 하나님 편에 서서 하나님의 마음을 가지고 용서하고 사랑하고 관용을 베풀어야 한다. 요셉의 용서와 화해의 자세는 요셉을 단순히 권력을 행사하는 리더를 넘어, 도덕적이고 영적인 권위를 갖춘 진정한 리더로 성장하게 만들었다.

INSIGHTS **배움 및 적용**

요셉은 하나님의 꿈과 계획을 신뢰함으로써 명확한 비전을 설정하는 모범을 보여 준다. 그의 꿈은 단순한 야망을 넘어서 하나님께서 그에게 부여한 더 큰 목적을 포함하고 있었다. 이 비전은 요셉이 겪은 연속된 시련들노예 상태, 감옥 생활 등 속에서도 그의 결정과 행동을 인도했다. 요셉처럼 리더는 비전을 설정하고, 이를 팀 또는 조직 전체와 공유하여 모두가 일치된 목표를 향해 나아갈 수 있도록 동기를 부여해야 한다.

요셉의 리더십에서 두드러진 또 다른 측면은 그의 성실성이다. 그는 예기치 못한 상황에서도 불굴의 의지와 적응력과 신실함을 보여 주었다. 창세기에 따르면, 요셉은 감옥에서도 "하나님께서 요셉과 함께하셨기 때문에 그가 형통하였다"라고 기록하고 있다창세기 39:23. 이는 요셉이 각 상황에서 최선을 다해 문제를 해결하고, 주어진 환경에서 최대한의 성과를 이끌어낸 것을 보여 준다.

요셉의 이러한 태도는 중요한 교훈을 제공한다. 위기 상황에서 리더는 현실을 정확히 진단하고, 필요한 조치를 신속하게 취하여 조직이 빠르게 회복하고 성장할 수 있는 기회로 전환시켜야 한다. 요셉의 이야기를 통해 본 그의 리더십은 시대를 초월한 원칙들을 담고 있다. 현대 리더들도 요셉의 예에서 배울 수 있는 중요한 교훈들꿈을 통한 비전 설정, 성실성, 용서와 화해을 적용하여 더 효과적이고 영향력 있는 리더가 될 수 있다.

REFLECTION 생각해 볼 질문

1. 요셉은 형들에 의해 노예로 팔려가고, 보디발의 집에서 일하다 감옥에 붙잡혀 들어갑니다. 리더의 꿈과 고난은 어떤 관계가 있을까요?

2. 요셉이 고난 속에서도 긍정적인 태도를 지속적으로 유지할 수 있었던 비결은 무엇이었을까요?

3. 요셉은 노예로 팔린 애굽의 새로운 환경에서 어떻게 자신을 인정받고 중요한 역할을 맡을 수 있었을까요? 낯선 환경에서 성공적으로 적응하기 위해 필요한 자세는 무엇일까요?

4. 요셉이 자신을 노예로 판 형제들을 용서할 수 있었던 원동력은 무엇이었나요? 요셉에게 배울 수 있는 리더십의 원리를 개인적인 경험과 함께 나누어 봅시다.

당신의 꿈이 당신을 두렵게 하지 않는다면,
그것은 충분히 크지 않은 것입니다.

If your dreams do not scare you,
they are not big enough.

엘런 존슨 설리프 Ellen Johnson Sirleaf

Lesson 04

모세의 리더십
'소명과 헌신'

Moses's Leadership

> 모세는
> 하나님의 부르심에 순종하여
> 이스라엘 백성을 40년 동안 광야에서 이끌었다.
> 많은 어려움과 도전 속에서도
> 하나님의 계획을 이루기 위해
> 사명을 감당한 모세를 통해
> 소명과 헌신의 리더십에 대해 살펴보자.

Lesson 04 — Moses's Leadership

모세의 리더십
'소명과 헌신'

🔎 인물 탐구 '모세'

성경에 나오는 모세는 출애굽기, 레위기, 민수기, 신명기에 걸쳐 주요 인물로 등장하며, 이스라엘 민족을 애굽에서 구출하고 하나님의 율법을 전달한 지도자로 잘 알려져 있다. 그의 이야기는 하나님의 소명에 대한 순종과 헌신의 모델을 잘 보여 준다.

모세는 레위 지파의 아들로 태어났다. 당시 애굽의 바로는 히브리 남자아이들이 태어나면 모두 죽이라는 명령을 내렸다. 모세의 어머니는 아기를 숨기다가 더는 숨길 수 없게 되자, 갈대 상자에 모세를 담아 나일 강에 띄워 보냈다. 이 상자는 바로의 딸에게 발견되었고, 그녀는 모세를 자신의 아들로 입양하였다.

> "열고 그 아기를 보니 아기가 우는지라 그가 그를 불쌍히 여겨 이르되 이는 히브리 사람의 아기로다"_출애굽기 2:6

모세는 애굽 왕궁에서 자라났지만, 히브리인들의 고통을 보면서 마음 아파했다. 어느 날, 모세는 애굽 사람이 히브리인을 때리는 것을 보고 분노하여 그 애굽 사람을 죽이고 모래에 묻었다. 이 일이 알려지자 모세는 미디안 땅으로 도망가게 되었다. 그곳에서 그는 제사장 이드로의 딸 십보라와 결혼하여 양을 치며 살았다_출애굽기 3:1.

어느 날, 모세는 호렙산에서 떨기나무가 불에 타지 않는 광경을 보았다. 하나님은 그곳에서 모세에게 나타나 이스라엘 백성을 애굽에서 구출하라는 명령을 내리셨다. 모세는 처음에는 두려워하며 자신이 이 일을 할 수 없다고 말했지만, 하나님은 그에게 지팡이를 주시며 능력과 표적을 보이셨다.

"내가 반드시 너와 함께 있으리라" _출애굽기 3:12

모세는 결국 형 아론과 함께 애굽으로 돌아가 바로에게 이스라엘 백성을 놓아달라고 요구하였다. 그러나 바로는 이를 거부하였고, 하나님은 애굽에 열 가지 재앙을 내리셨다. 마지막 재앙인 처음 난 모든 것의 죽음 이후, 바로는 마침내 이스라엘 백성을 놓아주었다.

"밤에 바로가 모세와 아론을 불러서 이르되 너희와 이스라엘 자손은 일어나 내 백성 가운데에서 떠나 너희의 말대로 가서 여호와야훼를 섬기며" _출애굽기 12:31

모세는 이스라엘 백성을 이끌고 홍해를 건넜고, 하나님은 그들을 구원하셨다.

> "모세가 바다 위로 손을 내밀매 여호와야훼께서 큰 동풍이 밤새도록 바닷물을 물러가게 하시니 물이 갈라져 바다가 마른 땅이 된지라" _출애굽기 14:21

이후 모세는 시내산에서 하나님으로부터 율법을 받았다. 그는 이스라엘 백성에게 하나님의 율법을 전달하고, 하나님과 백성 사이의 중재자로서 역할을 수행하였다. 모세는 하나님의 인도하심을 따라 이스라엘 백성을 40년 동안 광야에서 이끌었다. 그는 백성의 불평과 반역 속에서도 하나님의 명령을 따르며, 그들의 지도자로서 헌신하였다. 그러나 모세는 가나안 땅에 들어가지 못하고, 모압 땅에서 생을 마감하였다.

> "모세가 여호와야훼의 말씀대로 모압 땅에서 죽어 벳브올 맞은편 모압 땅에 있는 골짜기에 장사되었고" _신명기 34:5-6

모세의 이야기는 하나님의 인도하심과 그의 계획이 어떻게 이루어지는지를 보여 준다. 모세는 많은 어려움과 도전을 겪었지만, 끝까지 하나님의 소명과 사명을 신뢰하고 따랐다. 모세의 부르심과 헌신은 오늘날에도 많은 사람에게 신앙의 본보기가 되고 있다.

Bible

출애굽기 3:1
모세가 그의 장인 미디안 제사장 이드로의 양 떼를 치더니 그 떼를 광야 서쪽으로 인도하여 하나님의 산 호렙에 이르매

CHALLENGE TO MOSES
모세의 도전 '부족함에도 사명 감당하기'

모세가 양 떼를 몰고 호렙산 근처를 지나다가, 보이지 않는 손에 이끌리듯 한 떨기나무 앞에 섰다. 그 나무는 불꽃에 휩싸여 있었지만, 불에 타지 않고 있었다. 이 놀라운 광경에 모세는 "이 큰 기적을 가까이에서 보아야겠다" 하고 다가갔다. 그 순간, 하나님의 음성이 떨기나무 가운데서 울려 퍼졌다.

"모세야, 모세야!" 하나님께서 부르시자, 모세는 겸손하게 "내가 여기 있나이다"라고 응답했다. 하나님은 모세에게 더 이상 다가오지 말고, 발에서 신발을 벗으라고 명하셨다. 왜냐하면 그가 서 있는 곳은 거룩한 땅이었기 때문이다. 떨기나무에서 나온 하나님의 음성은 모세에게 강력한 사명을 부여했다. 그는 이스라엘 백성을 애굽의 억압에서 해방시킬 인물로 선택받았다.

모세는 자신의 부족함을 이유로 사명 감당을 주저했다. 그러나 하나님은 모세의 모든 두려움에 대해 함께해 주실 것이라고 약속하셨다. 결국 모세는 하나님의 부르심에 순종하여 애굽으로 향했다.

Key Point
모세는 하나님의 부르심에 따라 이스라엘을 구원하기 위해 애굽의 바로에게로 나아간다.
그의 앞에는 여러 가지 장애물이 놓여 있다.
하나님의 리더라면 이때 어떻게 해야 하는가?
하나님의 부르심에 반응하여 역경 속에서도 헌신하는 자가 진정한 리더의 자격을 가진다.

Lesson 4 모세의 리더십 '소명과 헌신' ——— 57

LEADERSHIP LESSON
모세의 리더십

> "이제 내가 너를 바로에게 보내어 너에게 내 백성 이스라엘 자손을 애굽에서 인도하여 내게 하리라 모세가 하나님께 아뢰되 내가 누구이기에 바로에게 가며 이스라엘 자손을 애굽에서 인도하여 내리이까 하나님이 이르시되 내가 반드시 너와 함께 있으리라 네가 그 백성을 애굽에서 인도하여 낸 후에 너희가 이 산에서 하나님을 섬기리니 이것이 내가 너를 보낸 증거니라" _출애굽기 3:10-12

출애굽기 3장을 보면, 이스라엘 백성들이 바로에게 핍박을 받고 있을 때, 하나님께서 모세를 부르셔서 이스라엘 백성을 애굽에서 인도하여 내라고 명령하셨다. 모세는 처음에는 주저했지만, 곧 하나님의 명령과 부르심에 순종해 이스라엘 백성을 애굽에서 인도하여 약속의 땅 가나안으로 향해 나아갔다. 모세의 이야기는 부르심과 헌신 그리고 그를 통한 이스라엘의 구원의 이야기다. 모세의 이야기를 통해 우리가 배울 수 있는 교훈이 있다.

🧭 리더십의 나침반 '소명'

모세의 리더십은 그의 소명에서 뚜렷이 나타난다. 하나님의 특별한 부르심calling, 특히 하나님께서 모세에게 나타나셔서 그를 특별한 목적으로 쓰시겠다고 말씀하시는 장면은 성경적 리더십의 중요한 원리를 보여준다. 성경적인 모든 리더십은 하나님께로부터 시작되는 것이다. 출애굽기 3장에서 하나님께서는 불타는 떨기나무 가운데서 모세에게 나타나셨다. 하나님은 모세에게 놀라운 소명을 부여하신다.

> "이제 내가 너를 바로에게 보내어 너에게 내 백성 이스라엘 자손을 애굽에서 인도하여 내게 하리라"_창세기 3:10

이 성경 구절은 모세가 이스라엘 백성의 해방자로서의 특별한 부르심을 받았다는 것을 보여 준다. 이는 모세가 자신의 계획이나 의지에 따라 리더가 된 것이 아니라 하나님의 주권적 선택에 의해 세워진 것임을 의미한다. 이 장면은 리더십이 단순히 인간의 능력이나 자질에 의한 것이 아니라 하나님의 부르심과 인도하심에 기초해야 한다는 것을 말해 준다. 모세는 자신의 연약함과 부족함을 느꼈지만, 하나님의 부르심에 순종함으로써 위대한 지도자로 세워졌다.

🔵 리더십의 키 '헌신'

모세는 헌신의 사람이었다. 출애굽기 곳곳에 그가 하나님의 부르심에 헌신했던 일들이 기록되어 있다. 출애굽기 32장에서 이스라엘 백성들이 금송아지를 우상숭배한 사건이 발생했을 때, 모세는 백성을 위해 하나님께 간절히 중보기도한다. 하나님께서는 이스라엘을 멸하시겠다고 말씀하셨다. 그러나 모세는 하나님께 나아가 백성을 용서해 달라고 간청한다.

> "이제 그들의 죄를 사하시옵소서 그렇지 아니하시오면 원하건대 주께서 기록하신 책에서 내 이름을 지워 버려 주옵소서"_출애굽기 32:32

이는 모세가 이스라엘 백성을 위해 자신의 생명까지도 기꺼이 내어줄 정도로 헌신적이었음을 보여 준다. 또 모세의 형제인 미리암과 아론이 모세를 비난하며 반역을 일으킨 사건이 있었다. 하나님께서는 이 일로 인해 미리암에게 나병을 내리셨다. 모세는 이에 대해 보복하거나 화를 내지 않고, 오히려 하나님께 미리암의 나병을 치유해 달라고 간절히 기도한다.

"모세가 여호와야훼께 부르짖어 이르되 하나님이여 원하건대 그를 고쳐 주옵소서"_민수기 12:13

또한 이스라엘 백성이 가나안 땅을 정탐한 후 두려움에 빠져 불평하고 반역을 일으킬 때, 하나님께서는 그들을 멸하시겠다고 말씀하셨다. 모세는 다시 한번 백성을 위해 중보하며 하나님의 긍휼을 구한다. 그는 하나님의 영광과 명예를 위해 백성을 용서해 달라고 간청했고, 하나님께서는 그의 간구를 들어주셨다. 이처럼 모세는 자신의 생명과 명예를 넘어선 헌신적 리더의 모습을 잘 보여 주고 있다.

FAITH LIFE
신앙으로 살아가다 '내려놓음'

　미디안 광야에서의 40년은 모세에게 있어 자신을 아무것도 아닌 존재로 새롭게 발견하는 시간이었다. 그는 이드로의 딸과 결혼하여 양떼를 치는 목자가 되었다. 하루아침에 왕자의 신분에서 당시 가장 낮고 천한 양치기 목자의 신세가 된 것이다. 모세는 그곳에서 깨어지기 시작했다. 그가 40년 동안 줄곧 보았던 것이 바로 양떼들이었다. 그는 양들을 기르면서 양들의 온유한 습성을 배웠다. 양은 주인이 목에 상처를 내어 피를 쏟아 죽으면서도 저항하지 않고 주인에게 몸을 맡긴다고 한다. 그러한 양의 모습을 통해 자신의 혈기를 죽이는 법을 배웠을 것이다.

　광야 생활의 외로움 속에서 모세는 하나님과 교제하면서 교만이나 아집, 그리고 자기중심적인 성품 같은 것들이 하나둘씩 깨어져 갔다. 애굽에서 배운 모든 것도 내려놓았다. 이제는 젊은 시절의 야망도 다 사라지고, 백발이 성성한 노인이 되었다. 신앙의 성장은 깨어짐에서 다가온다. 날마다 자신을 십자가에 못 박고 예수님을 따라가야 한다마가복음 8:34; 고린도전서 15:31. 겸손하게 나를 비우고 그 자리를 하나님으로 채우는 삶의 결단이 바로 '내려놓음'이다. 우리가 내려놓으면 하나님께서는 더 좋은 것으로 채우신다.

　내려놓지 않으면 사람들은 자신도 모르게 교만의 죄를 짓게 된다. 하나님께서 사용하신 하나님의 사람들은 모두 깨어짐의 은혜를 체험하고 내려놓음을 경험한 사람들이었다. 모세가 광야에서 깨어져 자기중심의 삶에서 하나님 중심의 삶으로 바뀌었을 때, 하나님께서는 80세에 그를 부르시고 120세까지 그를 통해 놀라운 일들을 행하셨다.

우리가 자신을 내려놓고 하나님 중심으로 살아갈 때, 하나님께서는 모세에게 허락하신 은혜를 우리에게도 주신다. 우리는 어떠한 인생을 살고 있는가? 나는 무엇이든 할 수 있다고 믿으며 자신의 힘이나 지혜, 건강이나 경제력, 사회적 지위 등을 의지하며 살고 있지 않은가? 자기 중심적인 삶을 내려놓아야 한다. 또 현재의 실패나 고난으로 인하여 좌절이나 상처 가운데 살고 있지 않은가? 하나님 앞에서 내려놓고 하나님의 도우심을 구하기를 바란다. 그럴 때 모세의 이름을 부르시고 찾아오신 하나님은 우리의 이름도 부르시며 찾아오실 것이다.

Bible

마가복음 8:34
무리와 제자들을 불러 이르시되 누구든지 나를 따라오려거든 자기를 부인하고 자기 십자가를 지고 나를 따를 것이니라

고린도전서 15:31
형제들아 내가 그리스도 예수 우리 주 안에서 가진 바 너희에 대한 나의 자랑을 두고 단언하노니 나는 날마다 죽노라

INSIGHTS 배움 및 적용

모세의 리더십은 소명과 헌신이라는 두 가지 주요 특징을 통해 정의될 수 있다. 모세는 단순히 사람들을 이끄는 것을 넘어, 하나님의 뜻을 이루기 위한 목적을 가지고 헌신적으로 사명을 수행하는 리더의 모습을 보여 준다. 모세의 리더십은 소명에 기초하고 있다.

출애굽기 3장에서 하나님께서는 불타는 떨기나무 가운데서 모세를 부르시며, 이스라엘 백성을 애굽의 속박에서 구원할 사명을 주셨다. 모세는 자신이 부족하다고 느꼈지만, 하나님의 부르심을 받아들였고, 이로 인해 위대한 지도자로서의 여정을 시작할 수 있었다. 이는 리더가 신적인 소명과 자신의 내적 확신을 통해 리더십을 발휘할 때, 진정한 영향력을 발휘할 수 있음을 보여 준다. 일반적인 리더십에서도 개인의 비전과 사명이 명확할 때, 리더는 더 큰 목적을 위해 헌신할 수 있다. 뿐만 아니라 모세의 리더십은 헌신을 통해 구체화 된다.

모세는 백성을 위해 자신의 생명까지도 기꺼이 내어줄 정도로 헌신적이었다. 출애굽기 32장에서 금송아지 사건이 발생했을 때, 그는 자신의 이름이 생명책에서 지워질지라도 상관없으니, 하나님께 백성을 용서해 달라고 간청하며 중보했다. 이러한 헌신은 조직의 성과와 구성원들의 신뢰를 높이는 중요한 요소이다. 모세는 자신의 이익을 넘어 공동체의 이익을 우선시하는 '서번트 리더servant leader'의 전형적인 모습을 보여 준다.

REFLECTION **생각해 볼 질문**

1. 모세가 떨기나무 가운데 이스라엘 백성들을 애굽에서 이끌어 내라는 하나님의 말씀을 들었을 때 어떤 내적 갈등이 있었을까요?
   _____
   _____

2. 모세가 가진 약점은 무엇이었으며, 그것을 어떻게 극복할 수 있었을까요?
   _____
   _____

3. 모세가 자신을 배신하던 사람들을 위해 자신의 생명까지 걸고 기도하며 용서할 수 있었던 원동력은 무엇이라고 생각하나요?
   _____
   _____

4. 모세의 소명과 헌신에서 배울 수 있는 점은 무엇이며, 이를 조직체나 개인적인 경험에 적용할 수 있는 예가 있다면 나누어 봅시다.
   _____
   _____

돈에 맞춰 일하면 직업이고
돈을 넘어 일하면 소명이다.
직업으로 일하면 월급을 받고,
소명으로 일하면 선물을 받는다.

백범 김구白凡 金九

Lesson 05

다윗의 리더십
'용기와 회개'

David's Leadership

"

다윗은
평생 하나님을 찬양하는 많은 시편을 남겼다.
목숨을 건 싸움에서도
어떠한 무기도 의지하지 않고
오직 만군의 여호와(야훼) 하나님을 의지했던
다윗을 통해 용기와 회개의 리더십에 대해 살펴보자.

"

RSHIP

Lesson 05 David's Leadership

다윗의 리더십
'용기와 회개'

👤 인물 탐구 '다윗'

구약성경 사무엘상과 사무엘하에 나오는 다윗은 이스라엘의 두 번째 왕이자, 하나님 마음에 합한 사람으로 잘 알려져 있다. 다윗의 이야기는 믿음과 용기, 하나님의 은혜와 회복을 보여 준다.

다윗은 베들레헴 출신의 목동으로, 이새의 여덟 아들 중 막내였다. 하나님은 사울 왕을 대신할 새로운 왕을 선택하셨고, 선지자 사무엘을 통해 다윗에게 기름을 부으셨다.

> "사무엘이 기름 뿔병을 가져다가 그의 형제 중에서 그에게 부었더니 이 날 이후로 다윗이 여호와(야훼)의 영에게 크게 감동되니라" _사무엘상 16:13

다윗은 사울 왕을 섬기기 위해 궁정에 들어가 수금(하프)를 연주하였고, 그가 악령에 시달릴 때마다 음악으로 그를 달래 주었다. 그 후, 다윗은 이스라엘 군대가 블레셋 군대와 싸울 때 형들을 방문하게 되었다. 이때 다윗은 블레셋의 거인 장수 골리앗이 이스라엘 군대를 모욕하는 것을 보고 분노하였다.

> "다윗이 블레셋 사람에게 이르되 너는 칼과 창과 단창으로 내게 나아 오거니와 나는 만군의 여호와야훼의 이름 곧 네가 모욕하는 이스라엘 군대의 하나님의 이름으로 네게 나아가노라" _사무엘상 17:45

다윗은 골리앗과 싸우러 나가 작은 돌멩이와 물매를 사용하여 그를 쓰러뜨렸다. 이 승리로 다윗은 이스라엘에서 영웅이 되었고, 사울 왕의 사위가 되었다. 그러나 사울은 다윗을 시기하게 되었고, 결국 다윗은 사울의 죽임을 피해 도망치게 되었다. 그럼에도 다윗은 하나님을 신뢰하며 여러 해 동안 도피 생활을 하였다. 사울 왕이 블레셋과의 전쟁 중에 죽은 후, 다윗은 유다 지파의 왕으로 기름부음을 받았고, 이후 온 이스라엘의 왕이 되었다. 다윗은 예루살렘을 정복하고, 그곳을 이스라엘의 수도로 삼았다. 그는 하나님의 언약궤를 예루살렘으로 옮기고, 하나님께 예배드리며 나라를 통치하였다.

> "다윗과 온 이스라엘 족속이 즐거이 환호하며 나팔을 불고 여호와야훼의 궤를 메어오니라" _사무엘하 6:15

다윗은 뛰어난 왕이었지만, 그의 생애는 실수와 죄악으로 얼룩지기도 했다. 그는 밧세바와의 간음과 그녀의 남편 우리아를 죽게 한 사건으로 큰 죄를 범하였다. 그러나 다윗은 나단 선지자의 책망을 받고 하나님 앞에 진심으로 회개하였다. 다윗의 회개와 하나님과의 관계 회복은 많은 사람에게 용서와 회복의 본보기가 되었다.

> "다윗이 나단에게 이르되 내가 여호와야훼께 죄를 범하였노라 하매 나단이 다윗에게 말하되 여호와야훼께서도 당신의 죄를 사하셨나니 당신이 죽지 아니하려니와" _사무엘하 12:13

다윗은 생애 동안 하나님을 사랑하며 찬양하는 시구약성경의 시편를 많이 남겼고, 그의 후손 중에서 왕메시아이 나올 것이라는 약속을 받았다사무엘하 7:12. 다윗의 이야기는 하나님을 신뢰하고 따르는 삶의 중요성을 보여준다. 그의 믿음과 용기, 회개와 회복의 이야기는 오늘날에도 많은 사람에게 영감과 교훈을 주고 있다. 다윗은 하나님과의 깊은 관계 속에서 그분의 뜻을 이루기 위해 노력한 왕으로서, 그의 생애는 큰 본보기가 되고 있다.

Bible

사무엘하 7:12, 새번역
너의 생애가 다하여서, 네가 너의 조상들과 함께 묻히면, 내가 네 몸에서 나올 자식을 후계자로 세워서, 그의 나라를 튼튼하게 하겠다.

CHALLENGE TO DAVID
다윗의 도전 '거인 골리앗과 싸우는 작은 다윗'

다윗이 골리앗과의 결투를 결심하고 그 결심을 주위 사람들에게 알렸을 때, 그의 주변 환경은 그리 호의적이지 않았다. 다윗의 큰형과 다른 군인들은 그의 결심을 비웃으며 경멸했다. 그들은 다윗을 단순히 어린 소년으로 보았고, 전투에 나서기엔 부적합하다고 평가했다.

"야, 너 집에 가서 부모님이 해 주는 밥이나 먹어. 왜 전쟁터에 나와서 헛소리를 하는 거야?"

그러나 다윗은 그들의 조롱 속에서도 흔들리지 않았다. 다윗의 반응은 단호하고 자신감이 넘쳤다. 그는 믿음을 가지고 주변의 의심을 잠재우려 했다.

"사자와 곰의 발톱에서 나를 살려 주신 하나님께서 나와 함께하시기 때문에, 내가 저자와 싸워 반드시 이길 수 있습니다!"

다윗의 이 말은 불가능해 보이는 상황 속에서도 하나님의 능력을 굳게 믿는 믿음의 선언이었고, 그의 내면 깊은 곳에 있는 믿음의 용기와 진정성을 보여 주는 것이었다.

>
> **Key Point**
> 다윗은 골리앗과 싸워서 이길 수 있다고 말했다.
> 그러나 사람들은 그의 믿음의 고백을 비웃었다.
> 하나님의 리더라면 이때 어떻게 해야 하는가?
> 사람들의 비난과 무시에도 믿음으로 담대히 한 걸음을 내딛는 자만이 진정한 리더의 자격을 가진다.

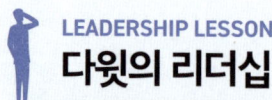
다윗의 리더십

> "다윗이 사울에게 말하되 그로 말미암아 사람이 낙담하지 말 것이라 주의 종이 가서 저 블레셋 사람과 싸우리이다 하니 사울이 다윗에게 이르되 네가 가서 저 블레셋 사람과 싸울 수 없으리니 너는 소년이요 그는 어려서부터 용사임이니라 다윗이 사울에게 말하되 주의 종이 아버지의 양을 지킬 때에 사자나 곰이 와서 양 떼에서 새끼를 물어가면 내가 따라가서 그것을 치고 그 입에서 새끼를 건져내었고 그것이 일어나 나를 해하고자 하면 내가 그 수염을 잡고 그것을 쳐죽였나이다 주의 종이 사자와 곰도 쳤은즉 살아 계시는 하나님의 군대를 모욕한 이 할례 받지 않은 블레셋 사람이리이까 그가 그 짐승의 하나와 같이 되리이다"_사무엘상 17:32-36

사무엘상 17장을 보면, 이스라엘 모든 군대가 두려워하는 골리앗이 등장한다. 그러나 소년 다윗은 사울 왕에게 그에 대해 낙담하지 않도록 격려한다. 소년 다윗은 놀라운 용기를 가지고 골리앗에 대해 대적한다. 다윗을 통해 우리가 배울 수 있는 교훈이 있다.

리더십의 나침반 '용기'

이스라엘과 블레셋은 원수지간이었다. 블레셋은 늘 이스라엘을 침략했다. 사울 왕 시대에 다시 블레셋이 쳐들어와 전쟁이 시작되었는데 이번엔 골리앗이라고 하는 키가 3미터 가까이 되는 거대한 장수를 내보냈다. 보통 사람, 작은 사람의 키의 거의 2배가 되는 거인이고 그가 입은

갑옷 무게만 57킬로그램이었다. 골리앗이 나와서 싸움을 걸어올 때 모두가 두려워 떨었다사무엘상 17:24. 이스라엘 군사들은 골리앗과 싸워보지도 않고 그의 몸집과 위상을 보고 두려움에 움츠러들었다. 그때 소년 다윗은 사울 왕 앞에 나가서 이렇게 담대히 말한다.

> "주의 종이 사자와 곰도 쳤은즉 살아 계시는 하나님의 군대를 모욕한 이 할례 받지 않은 블레셋 사람이리이까 그가 그 짐승의 하나와 같이 되리이다 또 다윗이 이르되 여호와야훼께서 나를 사자의 발톱과 곰의 발톱에서 건져내셨은즉 나를 이 블레셋 사람의 손에서도 건져내시리이다" _사무엘상 17:36-37

리더에게 필요한 것은 용기다. 그것은 현실과 대면하는 용기이다. 비록 그 현실이 어렵고 혹독하면 할수록, 더욱더 용기가 필요하다. 다윗은 모두가 뒤로 물러설 때, 앞으로 나갈 수 있는 용기를 가지고 있었다. 그리고 그 용기는 자신을 곰과 사자에게서 지켜주신 하나님에 대한 신뢰에서 나온 것이었다. 골리앗과 싸워 승리할 때 다윗은 자신을 지켜 주시는 하나님과 함께 전장에 나간 것이다.

🔑 리더십의 키 '회개'

다윗의 리더십은 그의 회개하는 태도에서 더욱 빛을 발한다. 다윗은 완벽하지 않았고, 그의 삶에는 큰 죄와 실수도 있었다. 대표적으로, 밧세바와의 간음과 우리아의 죽음 사건은 다윗의 큰 죄악 중 하나로 기록되어 있다사무엘하 11장. 그러나 다윗은 선지자 나단을 통해 죄를 지적받았을 때, 이를 회피하거나 변명하지 않고 자신의 잘못을 즉각적으로 인정하고 진심으로 회개했다.

> "다윗이 나단에게 이르되 내가 여호와야훼께 죄를 범하였노라 하매"
> _사무엘하 12:13

    리더가 자신의 실수와 실패를 인정하는 것은 쉬운 일은 아니다. 일이 잘못된 경우 정식으로 잘못을 사과하는 리더는 많지 않다. 왜냐하면 리더가 사과를 한다는 것은, 자신을 약하고 부족한 리더로 보이게 만들 수 있기 때문이다. 그런데 시편 51편에 보면, 다윗은 회개 기도를 통해 진정으로 참회하는 모습을 보여 주었다. "하나님이여 주의 인자를 따라 내게 은혜를 베푸시며 주의 많은 자비를 따라 내 죄악을 지워 주소서"시편 51:1라는 다윗의 기도는 하나님께 대한 철저한 회개를 보여 준다. 이는 리더로서의 겸손과 책임감을 보여 주는 사례이다. 다윗은 자신의 잘못을 인정하고 하나님 앞에 철저히 회개함으로써 리더로서의 신뢰를 회복했다.

> "하나님이여 내 속에 정한 마음을 창조하시고 내 안에 정직한 영을 새롭게 하소서"_시편 51:10

    이 성경 구절에서 볼 수 있듯이 다윗은 새로운 시작을 다짐한다. 그의 이러한 태도는 성경적 리더십의 중요한 측면을 보여 준다. 리더가 자신의 약점을 인정하고 회개하는 모습을 통해 공동체와의 신뢰를 쌓을 수 있음을 시사한다. 또 하나님 앞에서의 겸손과 순종을 통한 진정한 리더십의 모델을 제시해 준다.

Bible

사무엘상 17:24
이스라엘 모든 사람이 그 사람을 보고 심히 두려워하여 그 앞에서 도망하며

FAITH LIFE
신앙으로 살아가다 '하나님을 의지하여 승리하기'

　다윗은 골리앗과의 싸움에 나갈 때에 갑옷을 입고 나가지 않았다. 목동 옷차림에 손에 물매와 막대기를 들고, 시냇가에 가서 돌 다섯 개를 집어넣고 나갔다. 무엇보다 중요한 것은 그는 만군의 여호와야훼 하나님을 의지하고 나아갔다는 것이다. 골리앗의 무기는 자신의 용맹과 칼과 창에 있었으나 다윗의 무기는 오직 만군의 여호와야훼, 하나님의 이름을 의지하는 믿음뿐이었다시편 20:7, 84:12.

　우리에게 당면한 문제가 무엇이든 문제에 매이지 말고 하나님만을 바라보아야 한다. 산과 같은 문제가 가로막고 있고, 문제로 인해 사면초가가 되어 있을지라도 눈을 들어 믿음으로 하나님을 바라보고 하나님의 강한 도우심을 구하면, 하나님의 놀라운 기적과 축복을 경험하게 된다. 믿음이 무엇인가? 현실을 넘어 역사하는 하나님의 섭리를 보는 눈이 믿음이다히브리서 11:1. 믿음의 사람이라면 저 골리앗이라는 문제 너머에 계신 하나님을 볼 수 있어야 한다.

　믿음은 하나님의 능력의 통로이다. 다윗은 목숨 건 싸움에서도 어떠한 무기도 의지하지 않고 철저하게 만군의 여호와야훼, 권능의 하나님을 의지했다로마서 8:31. 다윗의 승리는 칼이나 창에 있는 것이 아니라 하나님의 능력에 있었다. 다윗이 돌을 물매로 던지니 그 돌이 골리앗의 이마에 박혀 골리앗이 땅에 엎드러졌다. 다윗은 쓰러진 골리앗이 차고 있는 칼을 뽑아 골리앗의 목을 쳤다. 블레셋 군대는 도망가기 시작했고, 이스라엘은 대승을 거두었다. 다윗이 하나님을 믿고 의지하고 나갔기 때문에 하나님은 그 믿음 위에 승리를 더해 주신 것이다.

Bible

시편 20:7
어떤 사람은 병거, 어떤 사람은 말을 의지하나 우리는 여호와우리 하나님의 이름을 자랑하리로다

시편 84:12
만군의 여호와여 주께 의지하는 자는 복이 있나이다

히브리서 11:1
믿음은 바라는 것들의 실상이요 보이지 않는 것들의 증거니

로마서 8:31
그런즉 이 일에 대하여 우리가 무슨 말 하리요 만일 하나님이 우리를 위하시면 누가 우리를 대적하리요

INSIGHTS 배움 및 적용

다윗 왕은 성경에서 뛰어난 리더십의 대표적인 인물로 손꼽히고 있다. 그의 리더십은 특히 용기와 회개라는 두 가지 덕목을 통해 빛을 발했다. 먼저 다윗의 리더십은 용기를 통해 나타났다. 어린 시절부터 양을 지키기 위해 사자와 곰과 싸웠고, 나아가 블레셋의 거인 골리앗과 맞서 싸운 일화는 다윗의 용기를 잘 보여 준다. 이러한 용기는 단순한 무모함이 아닌, 하나님을 신뢰하고 그분의 뜻을 따르는 믿음에서 나왔기에 더욱 큰 의미를 지닌다. 리더는 어려운 상황에서도 결단력 있게 행동하며, 팀원들에게 희망과 영감을 줄 수 있는 존재가 되어야 한다.

또 실수를 인정하고 책임지는 것이 리더에게 있어서 중요한 덕목이다. 다윗은 밧세바와의 간음과 우리아의 죽음의 사건 이후, 선지자 나단의 지적을 회피하지 않고 진심으로 받아들여 회개했다. 이는 자신의 잘못을 인정하고 수정하려는 리더의 태도를 보여 준다. 현대의 리더들도 실수를 저지를 때 이를 인정하고 책임을 지는 것이 중요하다. 이는 조직 내에서 신뢰를 회복하고, 더 나은 결정을 내릴 수 있는 기반을 마련해 주기 때문이다.

용기와 회개는 오늘날에도 유효한 리더십의 덕목이다. 용기는 어려운 상황에서 옳은 일을 행할 수 있게 하고, 회개는 잘못을 인정하고 수정하며 더 나은 방향으로 나아갈 수 있게 한다. 다윗의 이야기는 리더가 완벽할 필요는 없지만, 자신의 약점을 인정하고 그로부터 배울 줄 아는 것이 중요하다는 점을 일깨워 준다.

REFLECTION **생각해 볼 질문**

1. 다윗이 골리앗과 싸움에 임하기에 앞서 사람들이 자신을 비웃을 때 어떤 내적 갈등이 있었을까요?
   _____
   _____

2. 다윗의 용기는 매일 두려운 상황에 직면하는 나에게 어떠한 도전을 주나요?
   _____
   _____

3. 누군가로부터 잘못을 지적받는 것은 유쾌한 경험은 아닐 수 있습니다. 책망에 경청하는 다윗의 모습을 통해 배울 수 있는 리더의 자질은 무엇일까요?
   _____
   _____

4. 다윗의 용기와 회개의 특징을 통해 이를 조직 또는 개인적인 경험에 적용할 수 있는 예를 나누어 봅시다.
   _____
   _____

용기는 두려움이 없는 상태를 말하는 것이 아니라
두렵지만 계속 나아가는 것을 말한다.

Brave doesn't mean you're not scared,
It means you go on even though you're scared.

앤지 토마스 Angie Thomas

Lesson 06

다니엘의 리더십
'원칙과 통찰'

Daniel's Leadership

LEADE

> 다니엘은
> 하나님의 뜻을 최우선으로 삼고 기도의 삶을 살았다.
> 어떠한 위기 속에서도 타협하지 않고
> 흔들림 없이 옳은 길을 선택해
> 끝까지 하나님의 뜻을 이룬 다니엘을 통해
> 원칙과 통찰의 리더십에 대해 살펴보자.

Lesson 06 — Daniel's Leadership

다니엘의 리더십
'원칙과 통찰'

🧑 인물 탐구 '다니엘'

구약성경 다니엘서는 다니엘이라는 인물의 믿음과 지혜, 하나님의 보호와 섭리를 보여 주는 이야기로 가득하다. 다니엘은 유다 출신으로, 바벨론 포로시기에 하나님의 특별한 은혜와 인도를 받은 사람이다. 그의 이야기는 믿음의 원칙의 중요성과 하나님의 신실하심을 잘 나타낸다.

다니엘은 젊은 시절, 바벨론 왕 느부갓네살에 의해 포로로 잡혀갔다. 그는 뛰어난 외모와 지혜, 학식을 갖추었으며, 왕의 궁정에서 특별 교육을 받았다. 다니엘은 자신의 신앙을 지키기 위해 왕이 제공하는 음식과 술을 거절하고, 채식과 물만을 먹겠다고 결심하였다.

> "다니엘은 뜻을 정하여 왕의 음식과 그의 마시는 포도주로 자기를 더럽히지 아니하리라 하고" _다니엘 1:8

하나님은 다니엘과 그의 친구들에게 지혜와 명철을 주셨고, 그들은 다른 어떤 사람들보다도 뛰어난 능력을 보였다. 느부갓네살 왕이 꿈을 꾸었을 때, 아무도 그 꿈을 해석하지 못했으나 다니엘은 하나님의 도우심으로 꿈을 해석하였다. 다니엘은 왕에게 꿈과 그 해석을 전하며, 모든 일을 주관하시는 하나님의 주권과 통치를 강조하였다.

> "왕이여 왕은 여러 왕들 중의 왕이시라 하늘의 하나님이 나라와 권세와 능력과 영광을 왕에게 주셨고"_다니엘 2:37

이로 인해 다니엘은 바벨론에서 높은 지위를 얻게 되었다. 다니엘은 바벨론의 여러 왕을 섬기며 충성을 다했지만, 그의 신앙은 변치 않았다. 다리오 왕 때, 다니엘의 적들은 그를 함정에 빠뜨리기 위해 왕에게 30일 동안 왕 외에 다른 신에게 기도하는 자를 사자굴에 던진다는 법령을 제정하도록 설득하였다. 다니엘은 이 법령이 공포되었음에도 불구하고 하루 세 번 하나님께 기도하는 것을 멈추지 않았다.

> "다니엘이 이 조서에 왕의 도장이 찍힌 것을 알고도 자기 집에 돌아가서는 윗방에 올라가 예루살렘으로 향한 창문을 열고 전에 하던 대로 하루 세 번씩 무릎을 꿇고 기도하며 그의 하나님께 감사하였더라"_다니엘 6:10

결국 다니엘은 사자굴에 던져졌으나, 하나님은 사자들의 입을 막아 다니엘을 구원하셨다. 다리오 왕은 다니엘의 하나님을 찬양하며, 모든 백성에게 하나님을 경외하라는 어명을 내렸다.

> "내가 이제 조서를 내리노라 내 나라 관할 아래에 있는 사람들은 다 다니

> 엘의 하나님 앞에서 떨며 두려워할지니 그는 살아 계시는 하나님이시요 영원히 변하지 않으실 이시며 그의 나라는 멸망하지 아니할 것이요 그의 권세는 무궁할 것이며 그는 구원도 하시며 건져내기도 하시며 하늘에서든지 땅에서든지 이적과 기사를 행하시는 이로서 다니엘을 구원하여 사자의 입에서 벗어나게 하셨음이라 하였더라" _다니엘 6:26-27

다니엘은 또한 여러 환상과 예언을 받았는데, 이는 이후의 강대국과 역사적 사건들, 그리고 메시아의 오심에 대한 예언이었다. 그의 예언은 지금도 많은 신학자와 성경 연구자에게 중요한 연구 주제가 되고 있다.

다니엘의 이야기는 어려운 상황에서도 믿음을 지키고, 하나님의 도우심을 구하는 신실한 삶의 중요성을 보여 준다. 다니엘은 자신의 신앙을 지키기 위해 타협하지 않았으며, 하나님께서 그의 삶을 통해 일하실 것을 믿었다. 그의 믿음과 용기는 오늘날에도 많은 사람에게 영감과 교훈을 주고 있다. 다니엘은 하나님과의 깊은 관계 속에서 그분의 뜻을 이루기 위해 노력한 신실한 사람으로서, 신앙과 리더십의 본보기가 되고 있다.

CHALLENGE TO DANIEL
다니엘의 도전 '사자 앞에서도 흔들림 없는 믿음'

다니엘은 마음이 무거웠다. 그의 손에는 방금 전 왕의 도장이 찍힌 새 조서가 들려 있었다. 이 조서에는 누구든지 다음 30일 동안 다리오 왕을 제외한 어떠한 신이나 인간에게 기도하면 사자굴에 던져질 것이라고 명시되어 있었다. 다니엘의 신앙심은 그를 위기로 몰아넣었지만, 그의 믿음은 여전히 굳건했다.

다니엘은 마음속으로 결심했다. '하나님께서는 항상 나와 함께하신다. 그러니 나는 이런 명령 앞에서도 주저하지 않을 것이다.' 그는 왕의 명령을 잘 알고 있었음에도 불구하고 자신의 집 윗방으로 올라갔다.

그곳에서 다니엘은 창문을 열고 예루살렘을 향해 하루 세 번씩 무릎을 꿇고 기도하기를 멈추지 않았다. 그의 기도는 간절했으며, 마음속 깊은 곳에서 우러나오는 감사의 고백들이 하나님께 닿기를 바랐다.

Key Point
다니엘은 신앙생활의 원칙을 지키는 사람이었다.
그런데 목숨을 걸고 그 원칙을 지켜야 하는 위기의 상황이 닥쳤다.
하나님의 리더라면 이때 어떻게 해야 하는가?
위기 속에서도 믿음의 원칙을 지키며 흔들림 없이 선택하고
결단하는 자가 진정한 리더의 자격을 가진다.

Lesson 6 다니엘의 리더십 **'원칙과 통찰'**

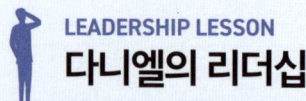
LEADERSHIP LESSON
다니엘의 리더십

> "다니엘이 이 조서에 왕의 도장이 찍힌 것을 알고도 자기 집에 돌아가서는 윗방에 올라가 예루살렘으로 향한 창문을 열고 전에 하던 대로 하루 세 번씩 무릎을 꿇고 기도하며 그의 하나님께 감사하였더라" _다니엘 6:10

사람은 누구나 이 세상을 살아가면서 수없이 크고 작은 위기를 만난다. 이 세상에 문제가 없는 사람은 아무도 없다. 그러나 다가오는 문제보다 더 중요한 것은 문제를 어떻게 극복하는가에 있다.

기원전 586년 남유다 왕국이 바벨론에 의해 멸망한 후, 다니엘은 바벨론에 포로로 끌려갔다. 그러나 하나님께서 다니엘과 함께하시고, 다니엘이 하나님을 깊이 신뢰했기에, 하나님은 그를 보호하시어 총리 자리까지 오르게 하셨다. 하지만 그 신앙 때문에 다니엘은 결국 목숨의 위협을 받게 되었다.

다니엘서 6장을 보면, 다니엘은 왕의 조서에 앞으로 30일 동안에 누구든지 왕 외에 어떤 신에게나 사람에게 무엇을 구하면 사자굴에 던져 넣기로 하고 왕이 도장을 찍어 금령을 내린 것을 알고 있었다. 그럼에도 불구하고 그는 집으로 돌아가 창문을 열고 전에 하던 대로 하나님을 향해 무릎을 꿇고 기도하며 하나님께 감사했다고 성경은 말한다. 어려운 상황 속에도 흔들림 없는 다니엘의 모습에서 우리가 배울 수 있는 리더십의 교훈이 있다.

리더십의 나침반 '원칙'

다니엘이 목숨을 걸고 원칙을 지킨 것은 신앙을 중요하게 여겼기 때문이다. 다니엘은 한결같이 하루 세 번씩 하나님께 기도했다. 이런 다니엘을 시기하고 미워했던 사람들이 많았다. 그래서 30일 동안 왕 이외에 다른 누구에게도 절하지 말라는 법을 만들기 위한 음모를 꾸민 것이다. 세상에서 신앙의 원칙을 지키며 사는 것은 쉬운 일이 아니다. 참으로 외로운 일이며 때로는 손해를 감수해야 할 수도 있다. 하지만 다니엘은 죽음의 위협과 두려움 속에서도 원칙대로 신앙을 선택하고 하루 세 번 기도했다. 결국 다니엘은 사자굴에 던져졌지만, 신실하신 하나님은 그를 보호해 주셨다. 반면, 다니엘에 대해 음모를 꾸몄던 이들은 결국 사자굴에 던져져 심판을 받았다.

리더십의 키 '통찰'

다니엘이 원칙만 세우고 행함이 없었던 것은 아니다. 다니엘은 삶의 순간순간을 기도하며 살았다. 하나님은 이러한 다니엘에게 모든 환상과 꿈을 깨닫는 능력을 주셨다. 천사들과 대화하며 앞으로 일어날 계시도 보여 주셨는데 그 지혜와 총명함이 온 나라의 리더들보다 열 배가 낫게 하셨다.

결국 다니엘이 바벨론 느부갓네살 왕이 꾼 신상의 꿈바벨론의 뒤를 이어 일어날 세계 역사의 큰 흐름을 보여 준 꿈을 해석하자 느부갓네살 왕이 엎드려 다니엘이 섬기는 하나님을 경배하고 찬양했다. 그리고 다니엘을 세워 바벨론 온 지방을 다스리게 했다.

FAITH LIFE
신앙으로 살아가다 '위기를 축복으로 바꾸는 기도'

다니엘은 바벨론에 잡혀온 포로였지만 하나님께서 그와 함께하셔서 총리까지 오를 수 있었다. 이를 시기한 자들이 그를 몰아내기 위해 고발할 근거를 찾으려 하였으나 어떤 허물도 찾지 못했다. 그러자 그들은 다니엘이 하나님께 늘 기도하는 것을 문제 삼았다. 왕을 제외한 어떤 신이나 사람에게도 무엇을 구하지 못하게 하고 이를 어기는 자는 사자굴에 던져 넣는 조서를 내리도록 왕에게 청원했다. 다니엘에게도 예외 없이 사자굴에 던져지는 위기가 다가왔다. 하지만 위기가 변하여 사자굴에서 건짐을 받게 되었다.

다니엘이 생명을 위협받는 상황에서도 건짐을 받게 된 것은 여전히 하나님만 바라보며 기도했기 때문이다. 다니엘은 죽음의 위협 앞에서도 숨어서 기도하지 않고 떳떳하게 창문을 열고 하나님을 향해서 간절히 기도했다. 뿐만 아니라, 다니엘은 시간을 정하고 하루에 세 번씩 기도했다. 그리고 다니엘은 감사기도를 드렸다. 다니엘은 포로 생활 중에도 베푸시는 하나님의 사랑과 은혜를 찬양하며 감사기도를 드렸다. 하나님은 언제나 감사의 기도를 드리는 사람과 함께하신다. 위기에서 승리하기를 원한다면 문제보다 크신 하나님을 바라보며 기도의 골방으로 들어가 겸손한 무릎을 꿇고 간절히 기도해야 한다.

하나님은 생명을 걸고 기도한 다니엘의 기도를 들으시고 사자들의 입을 봉하여 다니엘을 보호하셨다. 살아난 다니엘을 본 다리오 왕은 오히려 다니엘을 참소한 자들을 사자굴에 넣고 다니엘이 믿는 하나님을 찬양했다.

하나님은 지금도 다니엘과 같은 믿음의 사람, 기도의 사람을 찾으신다. 규칙적으로 기도할 때에 하나님께서 그 기도를 들으시고 응답하신다. 예수님도 무리들을 고치고 돌보시다가도 때가 되면 한적한 곳에서 기도하셨다. 또 수시로 감람산에 올라가서 기도하셨다. 이것이 예수님께서 십자가의 죽음을 감당하시고 영원한 승리를 이루신 비결이다. 기도는 위기를 축복으로 바꾸는 열쇠이다.

INSIGHTS 배움 및 적용

리더는 매 순간 결단을 내리고 설정한 목표를 이루기 위해 노력해야 한다. 다니엘은 포로로 끌려간 바벨론에서 신앙을 지키기로 결심하고, 어떤 상황에서도 기도로 하나님 앞에 나아갔다. 그의 대적자들은 다니엘이 하나님을 예배하는 것 외에는 아무런 흠을 찾을 수 없었기에, 그의 신앙을 공격하기로 작정했다. 그들은 다리오 왕에게 왕 외에 다른 신에게 기도하는 자를 사자굴에 던지라는 명령을 내리게 했지만, 다니엘은 그 명령에도 불구하고 이전과 같이 하루 세 번 하나님께 기도하기를 멈추지 않았다.

그는 목숨의 위협 앞에서도 신앙을 지키겠다는 결단을 굽히지 않았고, 하나님께서는 다니엘의 충성스러운 신앙을 지키시며 그를 사자굴에서 구원하셨다. 이는 오늘날 우리가 직면하고 있는 시대 상황과도 유사하다. 세상에서 신앙을 지키기 위해 주변 사람들에게 미움이나 따돌림을 받을 때가 종종 있다. 그러나 리더는 위기의 상황에서도 올바른 신앙의 원칙을 정하고 결단해야 한다.

다니엘의 리더십에서 또 하나 주목할 중요한 점은 그의 통찰력이다. 다니엘은 바벨론과 페르시아 제국에서 중요한 역할을 맡으며 여러 왕들의 곁에서 나라의 경영에 중요한 역할을 감당했고, 그 과정에서 뛰어난 통찰력을 발휘했다. 그의 통찰력은 단순한 경험이나 지식에서 나온 것이

Daniel's Leadership

아니라, 하나님 말씀을 깊이 묵상하고 기도하는 경건한 습관에서 비롯된 것이다. 이러한 통찰력 덕분에 다니엘은 자신의 역할을 단순한 행정가나 조언자로 한정하지 않고, 나라의 중요한 결정을 내리는 데 기여하는 핵심 인물로 자리매김했다.

오늘날의 리더에게도 다니엘과 같은 통찰력이 요구된다. 현대 사회는 복잡하고 예측할 수 없는 위기 상황이 자주 발생한다. 이러한 상황에서 리더는 사람을 살리고, 이웃과 나라, 더 나아가 세계를 이롭게 하는 지혜와 통찰력을 발휘해야 한다. 다니엘이 그랬던 것처럼, 리더는 신앙과 경건한 삶을 통해 하나님의 지혜를 구하고, 이를 바탕으로 중요한 결정을 내릴 수 있는 통찰력을 키워야 한다.

REFLECTION 생각해 볼 질문

1. 다니엘이 바벨론의 낯선 환경에서 포로 생활을 하면서도 신앙의 원칙을 지킬 수 있었던 근본적인 이유는 무엇이었을까요?
   _____
   _____

2. 다니엘이 주변 사람들의 시기와 음모에도 불구하고 하나님을 향하여 뜻을 정할 수 있었던 원동력은 무엇이었을까요?
   _____
   _____

3. 여러분이 다니엘과 같은 상황에 놓였다면, 어떤 결정을 내리고 어떻게 행동했을지 생각해 봅시다.
   _____
   _____

4. 리더는 자신의 신념과 원칙을 위해 때로 목숨을 걸 수 있는 사람입니다. 다니엘의 이야기가 여러분의 리더십과 삶에 어떤 도전을 주고 있나요?
   _____
   _____

리더의 자질은 리더가 자신에 대해
스스로 정한 기준으로 드러난다.

The quality of a leader is reflected in the standards
they set for themselves.

레이 크록 Ray Kroc

Lesson 07

예수님의 리더십
'섬김과 용서'

Jesus Christ's Leadership

LEADE

> 예수님은
> 삶과 죽음, 부활을 통해
> 인류에게 영원한 생명과 구원의 길을 열어주셨다.
> 우리의 죄를 대속하기 위한 십자가의 희생과
> 사랑과 구원의 메시지를 전해 주신 예수님을 통해
> 섬김과 용서의 리더십에 대해 살펴보자.

Lesson 07 — Jesus Christ's Leadership

예수님의 리더십
'섬김과 용서'

👤 인물 탐구 '예수님 예수 그리스도'

성경에 나오는 예수님은 기독교의 중심인물로, 하나님의 아들이자 인류의 구세주로 알려져 있다. 예수님의 이야기는 마태복음, 마가복음, 누가복음, 요한복음에 기록되어 있으며, 그의 탄생, 사역, 죽음, 부활에 이르기까지 많은 중요한 사건들이 담겨 있다.

예수님은 유대 베들레헴에서 동정녀 마리아에게서 태어났다. 그의 탄생은 구약 이사야의 예언을 성취한 것으로 이사야 7:14, 마태복음 1장 23절에는 "보라 처녀가 잉태하여 아들을 낳을 것이요 그의 이름은 임마누엘이라 하리라"고 기록되어 있다. 예수님은 목수 요셉과 마리아의 아들로 자라났고, 갈릴리 북부 나사렛에서 생활하였다.

예수님의 공생애는 30세경에 시작되었다. 요한에게 세례침례를 받을 때, 성령이 비둘기처럼 그에게 임하였고, 하늘로부터 "이는 내 사랑하는 아들이요 내 기뻐하는 자라"는 하나님의 음성이 들려왔다_마태복음 3:16-17_. 이후 예수님은 광야에서 40일간 금식하며 시험을 받으신 후, 갈릴리에서 복음을 전파하기 시작하였다. 예수님의 사역은 가르침과 치유, 기적으로 가득했다. 그는 산상수훈에서 팔복과 주기도문을 가르치며, 하나님의 나라와 사랑의 계명을 강조하였다. "너희는 세상의 빛이라 산 위에 있는 동네가 숨겨지지 못할 것이요"_마태복음 5:14_라는 말씀처럼, 예수님은 그의 제자들에게 세상의 빛과 소금이 되라고 가르치셨다.

예수님은 많은 기적을 행하셨다. 물을 포도주로 바꾸신 가나의 혼인잔치, 오병이어의 기적, 맹인의 눈을 뜨게 하고, 죽은 나사로를 살리신 사건 등은 그의 위대한 능력과 사랑의 자비를 보여 준다. 이러한 기적들은 예수님이 하나님의 아들이자, 그의 신적 권세를 증명하는 사건들이었다. 그러나 예수님의 가르침과 기적들은 종교 지도자들에게 위협이 되었고, 결국 그는 제자인 가룟 유다에게 배신당하고 체포되었다. 예수님은 십자가에 못 박히시기 전날 밤, 제자들과 함께 마지막 만찬을 나누며, 떡과 포도주를 나눔으로 자신의 몸과 피를 상징하게 하였다.

> "떡을 가져 감사기도 하시고 떼어 그들에게 주시며 이르시되 이것은 너희를 위하여 주는 내 몸이라 너희는 이를 행하여 나를 기념하라"_누가복음 22:19_

예수님은 십자가에서 죽으셨고, 그의 죽음은 인류의 죄를 대속하기 위한 것이었다.

> "하나님이 세상을 이처럼 사랑하사 독생자를 주셨으니 이는 그를 믿는

자마다 멸망하지 않고 영생을 얻게 하려 하심이라"_요한복음 3:16

　예수님의 죽음 후, 그는 무덤에 묻혔으나 사흘 만에 부활하셨다. 부활하신 예수님은 제자들에게 나타나 하나님의 나라에 대해 다시 가르치셨고, 그들에게 성령을 약속하셨다. 예수님의 부활은 기독교 신앙의 핵심으로, 그의 부활을 통해 죄와 사망을 이기신 구세주로서의 예수님의 정체성이 확립되었다. 부활 후 40일 동안 제자들과 함께하신 예수님은 감람산에서 하늘로 승천하셨다.

　예수님의 이야기는 하나님의 사랑과 구원의 메시지를 보여 주고, 그의 가르침과 희생은 오늘날에도 많은 사람에게 용기와 희망을 준다. 예수님은 그의 삶과 죽음, 그리고 부활을 통해 인류에게 영원한 생명과 구원의 길을 열어 주셨다. 그의 생애는 용서와 섬김, 사랑과 자비의 본보기로, 많은 이에게 위대한 영감과 교훈을 주고 있다.

Bible

이사야 7:14
그러므로 주께서 친히 징조를 너희에게 주실 것이라 보라 처녀가 잉태하여 아들을 낳을 것이요 그의 이름을 임마누엘이라 하리라

마태복음 3:16-17
16예수께서 세례침례를 받으시고 곧 물에서 올라오실새 하늘이 열리고 하나님의 성령이 비둘기 같이 내려 자기 위에 임하심을 보시더니 17하늘로부터 소리가 있어 말씀하시되 이는 내 사랑하는 아들이요 내 기뻐하는 자라 하시니라

CHALLENGE TO JESUS CHRIST
예수님의 도전 '누구든지 크고자 하는 자'

저녁 식사가 한창 진행되고 있을 때, 예수님은 자리에서 일어나 겉옷을 벗고 수건을 허리에 두르셨다. 제자들의 시선이 한곳으로 집중되었다, 예수님은 대야에 물을 떠와서 제자들 한 명 한 명의 발을 씻기 시작하셨다. 제자들은 놀람과 경외함 속에서 그의 행동을 지켜보았다.

예수님이 베드로에게 다가오자, 베드로는 충격을 받으며 "주여, 주께서 내 발을 씻으시나이까?"라고 물었다. 예수님은 온화하게 "내가 하는 것을 네가 지금은 알지 못하나, 이 후에는 알리라"고 대답하셨다. 베드로는 이를 받아들이기 어려워했지만, 예수님은 "내가 너를 씻어 주지 아니하면, 네가 나와 상관이 없느니라"고 단호히 말씀하셨다. 베드로는 그제야 예수님의 의도를 조금 깨달은 듯했다.

예수님의 사랑과 섬김을 이해하게 된 제자들은 깊은 침묵 속에서 그 장면을 지켜보았다. 예수님은 따뜻하고 진심 어린 손길로 제자들의 발을 씻기며 사랑과 섬김의 본을 보이셨다. 그날 밤, 그의 행동은 제자들의 마음속에 깊이 각인되었다.

> **Key Point**
> 예수님은 제자 중 하나가 자신을 돈을 받고 팔아넘길 것을 알면서도, 그들의 발을 씻기시며 섬김의 본을 보이셨다.
> 하나님의 리더라면 이때 어떻게 해야 하는가?
> 우리는 참된 리더가 되기 위해 겸손과 섬김의 자세를 가져야 한다.
> 사랑과 겸손으로 섬기는 자가 진정한 리더의 자격을 가진다.

LEADERSHIP LESSON
예수님의 리더십

"유월절 전에 예수께서 자기가 세상을 떠나 아버지께로 돌아가실 때가 이른 줄 아시고 세상에 있는 자기 사람들을 사랑하시되 끝까지 사랑하시니라 마귀가 벌써 시몬의 아들 가룟 유다의 마음에 예수를 팔려는 생각을 넣었더라 저녁 먹는 중 예수는 아버지께서 모든 것을 자기 손에 맡기신 것과 또 자기가 하나님께로부터 오셨다가 하나님께로 돌아가실 것을 아시고 저녁 잡수시던 자리에서 일어나 겉옷을 벗고 수건을 가져다가 허리에 두르시고 이에 대야에 물을 떠서 제자들의 발을 씻으시고 그 두르신 수건으로 닦기를 시작하여"_요한복음 13:1-5

요한복음 13장에 보면, 유월절 전에 예수님은 십자가에 달리셔야 할 때가 된 것을 아시고 저녁 잡수시던 자리에서 일어나 자기 겉옷을 벗어 곁에 놓고 수건으로 허리를 동이시고 대야에 물을 담았다. 그리고 제자들의 발을 씻기시고 수건으로 그들의 발을 닦아 주셨다. 그 당시 발을 씻겨 주는 일은 미천한 종들이 하는 일이었다. 제자들의 발을 씻겨 주시는 예수님을 통해 우리가 배울 수 있는 리더십 교훈이 있다.

🧭 리더십의 나침반 '섬김'

예수님이 낮은 자세를 취하시고 제자들의 발을 씻기신 것은 하나님의 나라는 세상의 나라와 다르다는 것을 가르치시기 위함이었다. 발을 씻기는 것은 주인의 일이 아니다. 오히려 종이 주인의 발을 씻겨 드려야 하는 것이 마땅하다. 그런데 주인 되신 예수님이 직접 대야와 수건을 준비하시고 제자들의 발을 씻겨 주셨다. 예수님은 자신을 팔아넘기려고 생각하는 가룟 유다와 그 다음날 아침에 베드로를 비롯한 제자들이 자신을 부인할 것을 알고도 끝까지 그들을 사랑하시며 섬김의 본을 보이셨다.

리더십의 키 '용서'

가룟 유다는 돈을 받고 예수님을 팔아넘겼으며, 예수님의 수제자라고 불렸던 베드로도 예수님을 모른다고 세 번이나 저주하고 부인하였다. 다른 모든 제자들도 뿔뿔이 흩어져 도망갔다. 유대 종교 지도자들도 예수님을 미워하고 협박하고 죽이려고 했다. 그러나 예수님은 화를 내거나 억울해하거나 분개하지 않았다. 오히려 십자가에 달리시고 피를 흘리시기까지 그들을 용서해 달라고 하나님께 기도하셨다.

> "예수께서 이르시되 아버지 저들을 사하여 주옵소서 자기들이 하는 것을 알지 못함이니이다 하시더라"_누가복음23:34

결국 예수님의 용서는 십자가 대속의 은혜로 구원의 역사를 이루게 하였다. 나중에 베드로를 비롯한 제자들은 부활하신 후에 그들을 용서하신 예수님을 만난 후 세상 가운데 복음을 전하는 사도들이 되었다. 예수님의 섬김과 용서의 리더십은 하나님의 뜻과 구원의 역사 가운데에서 비롯된 것이다.

FAITH LIFE
신앙으로 살아가다 '참된 용서와 자유함 얻기'

　십자가의 은혜는 죄 사함의 은혜로부터 출발한다. 예수님은 우리의 연약함을 아시고 십자가에서 용서에 대해서 선포하셨다. 죄 없으신 예수님이 십자가에서 피 흘리시며 죽으신 것은 우리 죄를 용서하시고 우리를 하나님께로 인도하기 위함이었다. 죄인인 우리가 죄 사함 없이 하나님께 나아갈 수가 없다. 인간은 죄 가운데 태어나서 죄 가운데 살다가 죄 가운데 죽어가는 절망적인 존재이기 때문이다.

　모든 인간이 다 죄를 지었다. 인간이 죄의 문제를 해결할 수가 없다. 그런데 하나님께서 십자가에서 죄 없으신 예수님이 우리를 대신하여 죽게 하심으로 우리에게 구원의 문을 열어 주셨다. 구원을 받기 위해 어떤 행위나 노력이 필요한 것이 아니라 예수님을 믿기만 하면 된다. 누구든지 예수님이 나를 대신하여 십자가에서 죽으신 것을 믿기만 하면 구원을 받는다. 오늘 교회를 처음 나왔다고 할지라도 예수님을 믿기만 하면 구원받고 하나님의 자녀가 되고 천국을 선물로 받게 되는 것이다.

　십자가는 철학이 아니고 이론이 아니다. 십자가는 하나님의 능력이요, 생명이다. 십자가를 통하여 구원의 문제를 해결한다. 십자가를 통하여 모든 죄의 사슬을 끊고 자유함을 얻게 된다. 그래서 십자가는 우리가 죄 사함 받고 의롭게 하시는 하나님의 능력이요, 하나님의 자녀가 되게 하는 하나님의 축복의 도구인 것이다.

죄인들의 모든 죄를 짊어지고 예수님이 십자가에 달리셨다. 십자가에 달리셔서도 제일 먼저 하신 말씀이 자기를 십자가에 못 박은 사람들을 용서해 달라는 기도였다. 대제사장, 바리새인, 사두개인, 서기관, 당시 종교 지도자들, 빌라도 총독, 또 며칠 전만 해도 "다윗의 자손 예수여!" 하며 환호하다가 예수님을 배반하고 등을 돌린 수많은 군중을 주님은 다 용서하셨다.

2천 년 전에만 이런 일이 일어난 것은 아니다. 오늘날도 알게 모르게 미워하고 다투고 남에게 피해를 입히고 고통을 주는 이 모든 것은 예수님의 몸에 다시 못을 박는 것과 비슷하다. 우리는 예수님의 십자가로 말미암아 크고 작은 모든 죄를 다 용서받았다. 이제 우리는 하나님의 사랑과 용서로 하나님의 자녀가 되었기 때문에 서로가 서로의 허물을 용서하고 이해하며 화목하게 지내야 한다. 우리가 먼저 그렇게 용서를 받았기 때문에 그 용서에 근거해서 내 중심의 용서가 아니라 주님의 용서에 근거해서 우리에게 상처를 준 자를 용서해야 한다.

부모님이나 형제자매, 윗사람이나 아랫사람이나 친구, 또 가깝게 지낸 사람에게 배신당한 상처들을 다 용서할 때 하나님께서 우리에게 은혜를 베풀어 주시고 참된 자유함을 주실 것이다.

INSIGHTS 배움 및 적용

예수님은 자신의 신성을 주장하지 않고, 겸손하게 사람들을 섬기셨다빌립보서 2:5-8. 예수님의 섬김은 서번트 리더십servant leadership의 모델이다. 서번트 리더십은 리더가 먼저 타인을 섬기고 그들의 필요를 충족시키며, 이를 통해 구성원들이 성장하고 발전하도록 돕는 것을 강조한다.

예수님은 제자들의 발을 씻기시며요한복음 13:14-15, 리더로서 권위와 지위를 내려놓고 구성원들을 섬김으로써 그들의 성장을 돕는 모습을 보여 주셨다. 오늘날의 리더들에게도 이러한 자세가 필요하다. 섬기는 리더십을 통해 팀원들에게 헌신하고, 그들의 잠재력을 최대한으로 끌어낼 수 있다.

용서는 예수님의 리더십의 핵심 원칙이었다. 제자들에게 일곱 번씩 일흔 번까지라도 용서하도록 가르치셨고마태복음 18:22, 십자가 위에서도 자신을 죽이고 정죄하는 사람들에 대해 하나님께서 용서해 주시기를 기도하셨다누가복음 23:34. 예수님의 용서는 단순한 관용을 넘어 리더가 다른 사람들의 잘못을 품고, 사랑으로 이끄는 방식임을 보여 주었다.

예수님의 무조건적인 용서는 리더가 팀원들에게 실패를 성장의 발판으로 삼을 수 있는 기회를 주는 좋은 예이다. 또한 용서는 리더가 신뢰를 구축하는 데 핵심적인 역할을 한다. 현대 조직에서는 신뢰가 성공적인

Jesus Christ's Leadership

팀워크와 높은 생산성을 위한 필수 요소이다. 이를 통해 팀원들은 안전하고 신뢰할 수 있는 환경에서 자신의 잠재력을 발휘하게 된다.

> **Bible**
>
> **빌립보서 2:5-8**
> ⁵너희 안에 이 마음을 품으라 곧 그리스도 예수의 마음이니 ⁶그는 근본 하나님의 본체시나 하나님과 동등됨을 취할 것으로 여기지 아니하시고 ⁷오히려 자기를 비워 종의 형체를 가지사 사람들과 같이 되셨고 ⁸사람의 모양으로 나타나사 자기를 낮추시고 죽기까지 복종하셨으니 곧 십자가에 죽으심이라
>
> **요한복음 13:14-15**
> ¹⁴내가 주와 또는 선생이 되어 너희 발을 씻었으니 너희도 서로 발을 씻어 주는 것이 옳으니라 ¹⁵내가 너희에게 행한 것 같이 너희도 행하게 하려 하여 본을 보였노라
>
> **마태복음 18:22**
> 예수께서 이르시되 네게 이르노니 일곱 번뿐 아니라 일곱 번을 일흔 번까지라도 할지니라
>
> **누가복음 23:34**
> 이에 예수께서 이르시되 아버지 저들을 사하여 주옵소서 자기들이 하는 것을 알지 못함이니이다 하시더라

REFLECTION **생각해 볼 질문**

1. 여러분이 최후의 만찬의 자리에 있었다면 어떤 제자의 모습으로 있을 것 같은가요?

2. 예수님이 제자들의 발을 씻기시고 닦으신 섬김의 사랑에도 불구하고 제자들이 배반한 이유는 무엇이었을까요?

3. 예수님을 따른다는 이유만으로 불이익을 당하는 상황이라면 여러분은 어떻게 행동할까요?

4. 리더가 비난과 배반을 당할 때 이를 어떻게 극복할 수 있나요? 예수님에게서 배울 수 있는 리더십의 교훈을 개인적인 경험과 함께 나누어 봅시다.

용서는 과거를 바꾸지 않지만,
미래를 밝힐 수 있다.

Forgiveness does not change the past,
but it does enlarge the future.

폴 보에즈 Paul Boese

Lesson 08

베드로의 리더십
'열정과 변화'

Peter's Leadership

LEADE

> 베드로는
> 예수님의 첫 번째 제자로서
> 수많은 기적을 경험하며 사명을 감당했다.
> 비록 예수님을 세 번이나 부인했지만
> 부활하신 예수님을 만난 후 성령의 능력으로
> 담대하게 복음을 전파한 베드로를 통해
> 열정과 변화의 리더십에 대해 살펴보자.

RSHIP

Lesson 08 Peter's Leadership

베드로의 리더십
'열정과 변화'

 인물 탐구 '베드로'

　베드로는 신약성경에 나오는 예수님의 열두 제자 중 한 사람으로, 원래 이름은 시몬이었다. 예수님은 그에게 '베드로'라는 이름을 주셨는데, 이는 '반석'이라는 뜻이다. 베드로는 초대교회의 지도자로서 중요한 역할을 하였으며, 그의 이야기는 열정과 헌신, 믿음과 회복의 본보기가 된다.

　베드로는 갈릴리 호수에서 어부로 일하다가 그의 형제 안드레의 소개로 예수님을 만났다. 예수님은 그에게 "나를 따라오라 내가 너희를 사람을 낚는 어부가 되게 하리라"마태복음 4:19고 말씀하시며 제자로 부르셨다. 베드로는 즉시 그물을 버리고 예수님을 따르기 시작하였다. 그는 예수님의 가르침을 가까이에서 듣고, 여러 기적도 목격하며 예수님과 사역을 함께하였다. 베드로는 예수님을 깊이 사랑하고 따랐지만, 종종 그의 인간적인 연약함도 드러났다. 예수님이 물 위를 걸어오실 때, 베드로도 물 위를 걷게 하기를 청하였고, 예수님의 허락으로 잠시 물 위를 걸었으나, 바람을 보고 두려워하여 그만 물에 빠지고 말았다. 예수님은 즉시 그를 붙잡아 주시며 "믿음이 작은 자여 왜 의심하였느냐"마태복음 14:31라고 말씀하셨다. 베드로는 예수님을 그리스도로 고백한 첫 번째 제자였다.

> "시몬 베드로가 대답하여 이르되 주는 그리스도시요 살아 계신 하나님의 아들이시니이다"_마태복음 16:16

베드로가 고백하였을 때, 예수님은 그를 칭찬하시며 그의 고백 위에 교회가 세워질 것을 예언하셨다. 그러나 베드로는 예수님의 체포와 십자가 처형을 앞두고 예수님을 세 번 부인하게 되었다. 닭이 울기 전에 세 번 부인할 것이라는 예수님의 예언이 그대로 이루어진 후, 베드로는 깊이 회개하며 울었다마태복음 26:75.

예수님이 부활하신 후, 베드로는 부활의 증인으로서 중요한 역할을 하였다. 부활하신 예수님은 베드로에게 나타나시고 그를 회복시키셨다. "요한의 아들 시몬아 네가 이 사람들보다 나를 더 사랑하느냐"요한복음 21:15라는 질문에 베드로는 세 번 "주님 그러하나이다 내가 주님을 사랑하는 줄 주님께서 아시나이다"라고 대답하였다. 예수님은 그에게 "내 양을 먹이라"고 명령하시며 그의 사명을 재확인해 주셨다. 오순절 성령 강림 이후, 베드로는 성령의 능력으로 담대하게 복음을 전하기 시작하였다. 그의 설교로 인해 수천 명이 회개하고 세례침례를 받았으며, 초대 교회가 급성장하게 되었다.

> "베드로가 이르되 너희가 회개하여 각각 예수 그리스도의 이름으로 세례
> 침례를 받고 죄 사함을 받으라 그리하면 성령의 선물을 받으리니 … 그 말
> 을 받은 사람들은 세례침례를 받으매 이 날에 신도의 수가 삼천이나 더하
> 더라"_사도행전 2:38, 41

베드로는 여러 기적을 행하며 복음을 전파하였다. 그는 앉은뱅이를 일으키고, 죽은 다비다를 살리며, 많은 병자를 치유하였다. 그의 사역은 유대인뿐만 아니라 이방인들에게도 확장되었다. 고넬료의 집에서 복음을 전함으로써 이방인들에게도 성령이 임하는 사건을 경험하였다_사도행전 10:44-46.

베드로는 초대교회의 기둥으로 교회를 섬겼고, 베드로전서와 베드로후서라는 서신서를 통해 교회에 중요한 교훈을 남겼다. 그는 순교하기까지 예수님을 따랐으며, 그의 생애는 강력한 믿음의 본보기로 남아 있다. 베드로의 이야기에서 우리는 연약함 속에서도 하나님의 은혜로 회복되고, 강력한 복음의 증인이자 사명자로 사용될 수 있음을 배우게 된다.

Bible

마태복음 26:75
이에 베드로가 예수의 말씀에 닭 울기 전에 네가 세 번 나를 부인하리라 하심이 생각나서 밖에 나가서 심히 통곡하니라

사도행전 10:44-46
[44]베드로가 이 말을 할 때에 성령이 말씀 듣는 모든 사람에게 내려오시니 [45]베드로와 함께 온 할례 받은 신자들이 이방인들에게도 성령 부어 주심으로 말미암아 놀라니 [46]이는 방언을 말하며 하나님 높임을 들음이러라

CHALLENGE TO PETER
베드로의 도전 '깨어진 믿음, 다시 주어진 사명'

어느 날, 시몬 베드로는 깊은 생각에 잠겨 제자들에게 말했다. "나는 물고기 잡으러 가노라." 다른 제자들도 그를 따라 배에 올라탔고, 밤새도록 그물을 던졌지만 아무 소득도 없었다. 베드로는 물속을 바라보며 생각에 잠겼다. '내가 예수를 세 번 부인했던 그 밤처럼, 이번에도 나는 실패하고 말았구나…'

날이 밝아올 무렵, 부활하신 예수님이 그들에게 다가오셨다. 예수님은 베드로를 따로 불러 세 번이나 질문하셨다. "요한의 아들 시몬아, 네가 나를 사랑하느냐?" 그의 마음은 무겁고 슬펐다. '주님은 내가 세 번 부인했던 것을 기억하고 계시구나…'

깊은 근심 속에서 베드로는 말했다. "주님, 모든 것을 아시오매, 내가 주님을 사랑하는 줄을 주님께서 아시나이다." 이때 예수님은 베드로의 손을 잡으며 "내 양을 먹이라"고 말씀하셨다. 그 순간, 베드로는 예수님의 눈에서 깊은 사랑과 용서를 느낄 수 있었다. 그는 다시 한번 부활하신 예수님이 주시는 사명을 맡을 준비가 되었음을 깨달았다.

Key Point
베드로는 믿음의 열정을 가지고 예수님을 따랐지만,
세 번이나 예수님을 부인하고 깊은 좌절에 빠졌다.
그러나 부활하신 예수님은 그의 사명을 회복시키기 위해
다시 베드로를 찾아오셨다.
좌절과 실패에도 낙심하지 않고 다시 일어나
맡겨진 사명을 이루는 자가 진정한 리더의 자격을 가진다.

LEADERSHIP LESSON
베드로의 리더십

> "베드로가 이르되 너희가 회개하여 각각 예수 그리스도의 이름으로 세례침례를 받고 죄 사함을 받으라 그리하면 성령의 선물을 받으리니 이 약속은 너희와 너희 자녀와 모든 먼 데 사람 곧 주 우리 하나님이 얼마든지 부르시는 자들에게 하신 것이라 하고 또 여러 말로 확증하며 권하여 이르되 너희가 이 패역한 세대에서 구원을 받으라 하니 그 말을 받은 사람들은 세례침례를 받으매 이 날에 신도의 수가 삼천이나 더하더라" _사도행전 2:38-41

사도행전 2장을 보면, 예수님을 부인했던 베드로가 부활하신 예수님을 만난 후 다시 사명을 회복하고 성령으로 말미암아 담대하게 복음을 증거했다. 베드로의 연약함과 회복의 이야기를 통해 우리가 배울 수 있는 리더십 교훈이 있다.

리더십의 나침반 '열정'

베드로는 예수님의 제자로서 항상 열정적이고 결단력이 있었다. 그는 예수님의 가르침을 따르며 항상 자신의 견고한 믿음을 증명하고 싶어 했고, 행동으로 이를 실천했다. 예수님이 물고기를 잡으러 가자고 할 때 베드로는 곧바로 배에 함께 올라탔다. 그의 행동은 지도자로서의 책임감과 결단력, 그리고 어려움이 닥쳐도 앞장서서 문제를 해결하려는 열정을 보여 주었다.

베드로는 예수님의 사역 초기부터 그를 따랐다. 예수님이 빌립보 가이사랴 지방에 이르러 제자들에게 "사람들이 인자를 누구라 하느냐?"라고 질문을 했을 때, 제자들은 "더러는 세례침례 요한, 더러는 엘리야, 어떤 이는 예레미야나 선지자 중의 하나라 하나이다"라고 대답했다. 그러나 베드로는 망설임 없이 "주는 그리스도시요 살아 계신 하나님의 아들이시니이다"라고 대답을 했다. 예수님은 그에게 "바요나 시몬아 네가 복이 있도다"라고 말씀하시며 최고의 칭찬을 하셨다마태복음 16장.

리더십의 키 '변화'

예수님을 세 번이나 부인한 베드로는 그 일로 인해 낙심하고 다시 고기를 잡으러 갈릴리 바다로 돌아갔다. 그러나 그날도 처음 주님을 만났을 때처럼 그물을 내렸지만 고기를 잡지 못했다. 그때 부활하신 예수님이 해변에 나타나셨다. 예수님은 조반을 나누는 자리에서 베드로에게 "요한의 아들 시몬아 네가 이 사람들보다 나를 더 사랑하느냐?"라고 세 번이나 반복하여 물으셨고 그에게 "내 양을 먹이라, 내 양을 치라"고 말씀하시며 처음 주셨던 사명을 회복시켜 주셨다요한복음 21:15-17.

이 사건은 베드로의 삶을 다시 한번 변화시키는 중요한 순간이 되었다. 베드로는 자신이 얼마나 부족하고 연약한지를 깨달았지만, 그럼에도 불구하고 예수님의 용서와 사랑을 통해 새로운 열정과 사명을 되찾았다. 이후 그는 오순절 성령 강림 사건을 통해 성령의 충만함을 받고, 담대하게 복음을 전파하며 초대교회의 기둥으로서의 역할을 수행했다.

갈릴리의 어부로 지극히 평범한 삶을 살던 베드로는 예수님께 최고의 칭찬을 듣기도 했고 결국 복음을 증거하는 귀한 사명을 부여받았다. 베드로의 이야기는 리더십에 있어서 열정의 중요성과 또 실수나 실패 가운데에도 다시 열정과 사명을 회복하여 전진하는 것이 중요하다는 점을 보여 준다.

> **Bible**
>
> **마태복음 16:13-18**
> ¹³예수께서 빌립보 가이사랴 지방에 이르러 제자들에게 물어 이르시되 사람들이 인자를 누구라 하느냐 ¹⁴이르되 더러는 세례침례 요한, 더러는 엘리야, 어떤 이는 예레미야나 선지자 중의 하나라 하나이다 ¹⁵이르시되 너희는 나를 누구라 하느냐 ¹⁶시몬 베드로가 대답하여 이르되 주는 그리스도시요 살아 계신 하나님의 아들이시니이다 ¹⁷예수께서 대답하여 이르시되 바요나 시몬아 네가 복이 있도다 이를 네게 알게 한 이는 혈육이 아니요 하늘에 계신 내 아버지시니라 ¹⁸또 내가 네게 이르노니 너는 베드로라 내가 이 반석 위에 내 교회를 세우리니 음부의 권세가 이기지 못하리라
>
> **요한복음 21:15-17**
> ¹⁵그들이 조반 먹은 후에 예수께서 시몬 베드로에게 이르시되 요한의 아들 시몬아 네가 이 사람들보다 나를 더 사랑하느냐 하시니 이르되 주님 그러하나이다 내가 주님을 사랑하는 줄 주님께서 아시나이다 이르시되 내 어린 양을 먹이라 하시고 ¹⁶또 두 번째 이르시되 요한의 아들 시몬아 네가 나를 사랑하느냐 하시니 이르되 주님 그러하나이다 내가 주님을 사랑하는 줄 주님께서 아시나이다 이르시되 내 양을 치라 하시고 ¹⁷세 번째 이르시되 요한의 아들 시몬아 네가 나를 사랑하느냐 하시니 주께서 세 번째 네가 나를 사랑하느냐 하시므로 베드로가 근심하여 이르되 주님 모든 것을 아시오매 내가 주님을 사랑하는 줄을 주님께서 아시나이다 예수께서 이르시되 내 양을 먹이라

FAITH LIFE
신앙으로 살아가다 '예수님을 만나기'

제자들은 부활하신 예수님을 만났음에도 모든 꿈과 희망을 접고 옛 생활의 터전인 갈릴리 바다(디베랴 바다)로 돌아갔다. 3년 전, 베드로는 이 갈릴리 바닷가에서 예수님을 만났다. 베드로는 예수님께 빈 배를 빌려 드린 후 "사람 낚는 어부가 되게 하리라"는 소명을 받았다.

그 후 베드로는 3년 동안 수제자로서 주님을 위해 열정적으로 일했다. 제자들도 주님을 따라다니며 말씀을 듣고 현장에서 많은 기적을 목도하였다. 그들은 십자가 사건 후에 부활하신 예수님도 만났다. 그런데도 기대와 꿈이 사라지자 좌절하고 절망하여 예수님을 떠나 옛 고향, 옛 생활로 돌아가 다시 고기를 잡기 시작했다. 그러나 밤새도록 그물을 던졌지만 한 마리의 고기도 잡지 못했다. 어부가 고기를 잡지 못했다는 말은 사업가가 사업에 실패했다는 말이며, 장사꾼이 돈을 벌지 못했다는 말과 같다.

베드로는 갈릴리에서 자랐고 평생 그곳에서 고기를 잡았기 때문에 어디다 그물을 던지면 물고기가 잡히는 걸 잘 알고 있었다. 제자들과 돌아온 그날 밤에 그물을 던지고 또 던지고 또 던지고 또 던졌지만 단 한 마리의 물고기도 잡지 못했다. 그 밤에 무엇을 해도 어떤 노력을 해도 무엇 하나 건질 수 없었다. 예수님을 떠난 인생은 밤을 만난 인생이다.

"그날 밤에 아무것도 잡지 못하였더니"_요한복음 21:3

빈 배 인생이 된 베드로를 주님이 찾아오셨다. 주님은 베드로를 외면하지 않으셨다. 제자의 신분을 망각하고 다시 옛날의 모습으로 돌아간 베드로를 버리지 아니하시고 찾아오신 것이다. 절망의 밤이 지나가고 희망의 새날이 밝을 때 주님이 찾아오셨다.

예수님을 만나기만 하면 누구에게나 새로운 인생이 펼쳐진다. 절망의 자리에, 실패한 그 자리에 우리는 예수님을 모셔야 한다. 우리의 연약함을 아시고 부활하신 예수님이 절망과 좌절과 실의에 빠져 있는 삶 속에 찾아오셔서 새 생명과 새 힘, 그리고 새 사명을 주실 것이다.

INSIGHTS 배움 및 적용

베드로는 누구보다도 예수님에 대한 열정이 강했다. 예수님께서 물 위를 걸어오라고 하셨을 때, 베드로는 곧바로 물 위를 걸었다. 비록 두려움에 빠져 얼마 걷지 못하고 가라앉았지만, 그의 열정은 예수님에 대한 신뢰에서 비롯된 것이었다. 이러한 열정은 예수님을 세 번이나 부인했던 베드로이지만, 새로운 사명을 맡기셨을 때 다시 일어설 수 있었으며 오히려 더 강력한 사도로 변모하게 되었다.

베드로의 리더십에서 배울 수 있는 점은 변화이다. 그는 예수님을 세 번이나 부인한 후 큰 좌절을 겪었지만, 부활하신 예수님을 만나고 새롭게 변화되었다. 이후 베드로는 성령의 충만함을 받고, 초대교회를 이끄는 핵심 리더로 거듭났다. 베드로는 과거의 실수와 실패를 딛고, 예수님이 주신 새로운 사명에 열정을 가지고 초대교회의 부흥을 이끄는 주역이 되었다.

예수님의 관심은 우리의 과거나 잘못에 있지 않다. 그분은 우리의 실패와 상처를 치유하여 승리와 영광으로 바꾸기를 원하신다. 리더는 실패했을지라도, 베드로처럼 "주님! 제가 주님을 사랑합니다"라고 고백하며, 새로운 사명을 감당할 수 있어야 한다.

REFLECTION **생각해 볼 질문**

1. 베드로가 예수님을 세 번이나 부인하는 과정에서 어떤 내적 갈등이 있었을까요?

2. 베드로는 열정적이었지만 때때로 충동적인 성격으로 인해 실수를 저지르기도 했습니다. 그럼에도 불구하고 베드로가 리더가 될 수 있었던 이유에 대해 생각해 봅시다.

3. 예수님을 떠났던 제자들과 베드로가 다시 치유되고 회복할 수 있었던 원동력은 무엇이었다고 생각하나요?

4. 리더가 실패와 좌절을 겪을 때, 이를 어떻게 극복할 수 있나요? 베드로에게서 배울 수 있는 리더십 원리를 개인적인 경험과 함께 나누어 봅시다.

어떤 장애물도 극복할 수 있는 비결:
열정을 개발하세요.

The secret to overcoming any obstacle:
Cultivate your passion.

조디 플린 Jodi Flynn

Lesson 09

바울의 리더십
'비전과 충성'

Paul's Leadership

LEADE

> 바울은
> 신약성경에서 중요한 인물로 많은 서신을 남기며
> 기독교의 초기 전도자로서 큰 영향을 미쳤다.
> 회심 후 수많은 고난과 어려움 속에서도
> 절대 포기하지 않고 땅끝까지 복음을 전파한
> 바울을 통해 비전과 충성의 리더십에 대해 살펴보자.

RSHIP

Lesson 09 Paul's Leadership

바울의 리더십
'비전과 충성'

👤 인물 탐구 '바울'

바울은 초대교회의 선교적 사도였다. 그는 신약성경의 많은 서신서를 기록하였고 이방인 세계선교와 기독교 신학의 기초를 세운 인물이다. 성경이 증언하는 바울의 이야기를 통해 우리는 그를 부르신 하나님의 은혜와 하나님 나라의 사명, 그리고 리더로서의 열정을 배울 수 있다.

바울은 유대인으로 태어나 로마 시민권을 가진 자였다. 그는 젊은 시절 예루살렘에서 율법학자 가말리엘의 문하에서 교육을 받았으며, 바리새파 일원으로서 기독교를 박해하였다. 스데반 집사의 순교 때, 바울은 그 사건을 지지하였으며 사도행전 8:1, 이후에도 많은 그리스도인을 체포하고 박해하는데 앞장섰다. 그러던 바울의 인생은 다메섹 도상에서 급격히 변화하였다. 그가 그리스도인들을 체포하기 위해 다메섹으로 가는 길에, 갑자기 하늘에서 빛이 비추며 예수님의 음성을 듣게 되었다. "사울아 사울아 네가 어찌하여 나를 박해하느냐" 사도행전 9:4라는 말씀에 그는 땅에 엎드려 "주여 누구시니이까"라고 물었고, 예수님은 "나는 네가 박해하는 예수라"고 대답하셨다. 이 사건으로 인해 바울은 며칠 동안 시력을 잃었으나, 아나니아라는 제자가 안수하여 기도하여 다시 보게 되고 성령의 충만을 받게 되었다사도행전 9:17. 그 후 회심한 바울은 예수님을 증거하는 복음의 사도로 헌신하게 되었다.

바울은 회심 후 여러 차례 선교여행을 떠나며 복음을 전파하였다. 첫 번째 선교여행에서는 바나바와 함께 소아시아 지역을 다니며, 여러 교회를 세우고 많은 이방인에게 복음을 전했다사도행전 13-14장. 두 번째 선교여행에서는 실라와 디모데와 함께 유럽으로 가서 빌립보, 데살로니가, 고린도 등 여러 도시에 교회를 세웠다사도행전 16-18장. 세 번째 선교여행에서는 에베소에서 오랜 시간 머물며, 아시아 지역에 복음을 전파하고 교회에 용기를 북돋아 주었다사도행전 19-20장.

바울은 선교여행 중에 많은 고난과 박해를 받았다. 그는 돌에 맞아 죽을 뻔하기도 하고, 감옥에 갇히고, 배가 파선되는 등 수많은 어려움을 겪었다. 그러나 그는 결코 이에 굴하지 않고 복음전도의 사명에 매진하였다. 바울은 "내가 복음을 부끄러워하지 아니하노니 이 복음은 모든 믿는 자에게 구원을 주시는 하나님의 능력이 됨이라"로마서 1:16고 고백하였다.

바울은 또한 여러 서신서를 남겼다. 로마서, 고린도전후서, 갈라디아서, 에베소서 등 그의 서신서는 신약성경의 중요한 부분을 차지하며, 기독교 교리와 신앙생활에 대한 깊은 통찰을 제공하고 있다. 그는 믿음으로 의롭게 되는 것을 강조하며, 예수 그리스도의 은혜와 사랑을 전파하였다.

> "너희는 그 은혜에 의하여 믿음으로 말미암아 구원을 받았으니 이것은 너희에게서 난 것이 아니요 하나님의 선물이라"_에베소서 2:8

바울의 마지막 여정은 로마로 향하는 것이었다. 그는 로마에서 황제에게 재판을 받기 위해 가던 중 여러 고난을 겪었지만, 결국 로마에 도착하여 그곳에서 복음을 전하였다. 비록 바울은 로마에서 순교하였지만, 그의 사역과 서신은 오늘날까지도 수많은 사람에게 큰 영향을 미치고 있다. 바울의 이야기는 하나님의 은혜를 통해 한 사람이 어떻게 위대한 사명자로 변할 수 있는지를 보여 준다. 하나님 나라에 대한 그의 비전과 열정, 복음을 위한 헌신과 희생은 오늘날에도 많은 사람에게 큰 영감과 교훈을 주고 있다.

Bible

사도행전 8:1
사울이 그가 죽임 당함을 마땅히 여기더라 그 날에 예루살렘에 있는 교회에 큰 박해가 있어 사도 외에는 다 유대와 사마리아 모든 땅으로 흩어지니라

사도행전 9:17
아나니아가 떠나 그 집에 들어가서 그에게 안수하여 이르되 형제 사울아 주 곧 네가 오는 길에서 나타나셨던 예수께서 나를 보내어 너로 다시 보게 하시고 성령으로 충만하게 하신다 하니

CHALLENGE TO PAUL
바울의 도전 '흔들림 없는 결단'

예언자 아가보가 유대로부터 내려와 바울을 만나러 왔다. 아가보는 바울의 띠를 가져다가 자기 손과 발을 묶고 말했다. "성령께서 말씀하시기를, '이 띠의 주인을 예루살렘에서 이렇게 묶어 이방인들에게 넘겨주리라' 하셨습니다"

이 말을 듣고, 그곳에 있던 모든 사람은 바울에게 예루살렘으로 올라가지 말라고 간청했다. 그들은 눈물로 바울을 붙들며 말했다. "바울 사도님, 제발 예루살렘으로 가지 마세요. 당신이 붙잡히면 어떻게 될지 모릅니다!"

그러나 바울은 단호하게 대답했다. "여러분, 왜 울며 내 마음을 상하게 합니까? 나는 주 예수의 이름을 위하여 예루살렘에서 결박당할 뿐만 아니라 죽을 각오도 되어 있습니다."

그들은 더 이상 말릴 수 없음을 깨닫고, "주의 뜻대로 이루어지이다" 사도행전 21:14라고 말하며 바울을 보내기로 했다.

> **Key Point**
> 바울은 하나님의 뜻을 따라 예루살렘을 거쳐 로마로 향하던 길이었다.
> 각 성과 도시에서 만난 사람들은 바울의 안전을 염려하며
> 예루살렘으로 가지 말라고 강력히 권했지만, 바울은 흔들리지 않았다.
> 리더라면 이러한 상황에서 어떻게 행동해야 할까?
> 주변의 만류에도 굳건히 서서 하나님의 비전을 끝까지 이루기 위해
> 충성하는 자가 진정한 리더의 자격을 가진다.

Lesson 9 바울의 리더십 **'비전과 충성'**

LEADERSHIP LESSON
바울의 리더십

> "오직 성령이 각 성에서 내게 증언하여 결박과 환난이 나를 기다린다 하시나 내가 달려갈 길과 주 예수께 받은 사명 곧 하나님의 은혜의 복음을 증언하는 일을 마치려 함에는 나의 생명조차 조금도 귀한 것으로 여기지 아니하노라"_사도행전 20:23-24

사도행전 20장 13절에서 21장 14절까지 보면, 두 부류의 사람들이 등장한다. 비전을 따라 예루살렘으로 떠날 채비를 하는 바울과 그를 만류하는 사람들이다. 사람들은 성령의 감동으로 바울이 당할 고난을 알았기에 그가 예루살렘으로 가는 것을 반대하였다. 그러나 바울은 주변의 반대와 만류에도 불구하고, 꿋꿋이 사명의 길을 걸어간다. 그는 하나님께서 주신 사명을 위해서는 자신의 생명조차 내놓을 준비가 되어 있는 사람이었다. 바울의 믿음의 고백과 이야기를 통해 우리가 배울 수 있는 리더십 교훈이 있다.

리더십의 나침반 '비전'

바울의 가장 중요한 비전은 예수 그리스도의 복음을 전파하는 것이었다. 그는 자신이 받은 사명을 명확히 이해하고, 이를 위해 자신의 삶을 바쳤다. 물론, 복음을 전하는 여정이 늘 순탄했던 것은 아니다. 동족들에게 미움을 받기도 했고, 핍박과 박해로 매를 맞거나 옥에 갇히는 일이 다반사였다. 또 생명의 위협에 직면했던 적도 있었다.

교회와 성도들이 바울의 예루살렘 행을 반대했던 이유는 그가 앞으로 마주하게 될 극심한 고난 때문이었다. 그러나 이 모든 상황 가운데서 바울이 포기하지 않은 것은 그가 예수님으로부터 받은 비전 때문이었다. 그의 비전은 단순한 삶의 목표가 아니라, 삶의 근본적인 목적과 방향을 가리키는 나침반이었다. 바울의 사례를 통해 사명과 비전을 가진 리더는 어려움과 고난 앞에서도 결코 두려워하거나 낙심할 수 없다는 사실을 깨닫는다.

🔑 리더십의 키 '충성'

바울은 복음을 전하는 일에 충성을 다했다. 그는 여러 고난과 박해를 견디며 자신의 사명을 끝까지 수행했다. 그가 성령님의 인도를 따라 예루살렘에 가기로 하였을 때, 결박과 환난이 그를 기다리고 있음을 알았다. 그러나 바울은 두려워하지 않고 자신의 사명에 충실했다. 그는 자신의 안전보다도 하나님의 뜻을 따르는 것을 최우선순위로 여겼던, 하나님과 비전 앞에 충성된 사람이었다.

그뿐 아니라 바울은 교회와 성도들에게도 충성된 사람이었다. 그는 자신이 세운 교회와 성도들의 영적 상태를 걱정하며, 앞으로 남겨지게 될 그들을 돌보고 지도하려는 의지와 사랑을 보였다 사도행전 20:31. 자신은 비록 비전을 향해 떠나가지만, 성도들의 영적 성장을 위해 염려하며 헌신하는 모습은 하나님의 공동체와 사명에 대한 그의 깊은 애정과 충성을 보여 준다.

결국, 바울은 결박된 채로 예루살렘에 도착하여 성난 군중 그리고 왕과 관리들 앞에 선다. 그러나 그는 두려워하지 않았으며, 오히려 결박된 채로 담대히 복음을 전한다. 자신의 사명과 비전에 대한 확신을 갖고 있었던 바울은 하나님과 하나님의 나라에 끝까지 충성한다.

> "내가 달려갈 길과 주 예수께 받은 사명 곧 하나님의 은혜의 복음을 증언하는 일을 마치려 함에는 나의 생명조차 조금도 귀한 것으로 여기지 아니하노라" _사도행전 20:24

참된 리더는 자신이 이루어야 할 비전이 있다는 것을 알고, 그 비전을 이루기 위해 자신의 모든 것을 쏟아 붓는 충성스러운 사람이다. 바로 이러한 리더가 고난과 주변의 반대 속에서도 흔들리지 않고 자신이 걸어가야 할 길을 묵묵히 걷는다.

Bible

사도행전 20:31
그러므로 여러분이 일깨어 내가 삼 년이나 밤낮 쉬지 않고 눈물로 각 사람을 훈계하던 것을 기억하라

FAITH LIFE
신앙으로 살아가다 '예수님을 만나서 사명 발견하기'

사도 바울은 결박과 환난이 자신을 기다리고 있음을 알았지만, 하나님의 영광을 위해 결코 두려워하지 않았다. 그는 당당하고 담대하게 믿음으로 이를 맞서며 앞으로 나아갔다. 사도 바울은 예수님을 만나기 전에는 보수적인 바리새인이었고 당시 최고의 학자였던 가말리엘의 밑에서 공부한 제자로서 모든 면에서 부족함이 없는 가망성이 아주 큰 청년이었다. 그래서 산헤드린 공회에서 그를 장차 차세대의 지도자로 주목하고 있었다.

청년 사울의 한 가지 흠은 자기 의에 사로잡혀서 자기가 하는 모든 일이 다 옳다고 생각했다는 점이다. 그래서 교회를 핍박하는 일에 누구보다 앞장을 섰다. 스데반 집사가 돌에 맞아 죽을 때에도 '참 저 사람 죽어 마땅하다'라고 생각하며 거기에 증인으로 서 있었다. 그는 예수님을 믿는 사람을 붙잡아 감옥에 잡아넣고, 교회를 무너뜨리는 데 누구보다 앞장섰으며, 예수님을 믿는 사람이 모여 있다고 하면 그곳으로 달려갔다. 그런 그가 다메섹에 예수님을 믿는 사람이 많이 모여 있다는 얘기를 듣고 대제사장에게서 공문을 받아 그들을 잡으러 가다가 빛 가운데 오신 예수님을 만나게 되었다.

예수님은 사울에게 물으셨다. "사울아, 사울아. 네가 어찌하여 나를 핍박하느냐?" 그 순간 사울은 깨달았다. '나에게 음성을 들려주신 저분은 보통 분이 아니라 바로 주님이시구나.' "주여! 누구시나이까?" "나는 네가 핍박하는 예수라." 그 순간 그의 생각이 완전히 바뀌었다. 자신이 지금까지 잘못 생각하고, 잘못 판단했다는 사실을 깨닫게 된 그는 3일 간 금식하고, 기도 받고, 성령충만 받은 다음에 완전히 변화된 인생을 살게 되었다. 예수님을 믿는 사람을 붙잡고 핍박하는데 앞장섰던 핍박자에서, 부활하신 예수님을 열심히 증거하는 복음의 사명자로 완전히 그 삶이 바뀌어버린 것이다.

INSIGHTS 배움 및 적용

리더는 사람들의 만류에도 불구하고 끝까지 걸어야 할 길이 있다. 이 과정에서 때로 혼자가 되기도 하고, 포기하고 싶은 유혹에 직면하기도 한다. 바울이 예루살렘으로 떠나기로 결정했을 때가 바로 그런 상황이었다. 그러나 그는 타협하지 않았다. 그는 예수 그리스도의 복음을 전파하는 명확한 비전을 가지고 있었기 때문이다. 하나님께로부터 받은 비전은 그의 모든 결단과 행동의 중심이 되었고, 어떤 어려움에도 불구하고 그 사명을 끝까지 수행하게 했다. 이러한 바울의 태도는 명확한 비전과 헌신의 중요성에 대한 리더십의 좋은 교훈을 제시해 준다.

바울은 복음을 전파하는 일에 충성을 다했다. 그는 고난과 박해를 두려워하지 않고, 하나님의 뜻에 순종하며 자신의 사명을 완수했다. 이는 리더가 자신의 비전에 충성할 때, 진정한 리더십을 발휘할 수 있음을 보여준다.

바울은 동시에 교회와 성도들에 대한 깊은 애정을 보였다. 이는 보이지 않는 하나님에게 충성하는 동시에 자신이 속한 공동체와 사람들에게도 충성해야 함을 의미한다. 충성스러운 리더는 자신의 사람들을 돌보며 그들을 위해 끝까지 헌신한다.

REFLECTION 생각해 볼 질문

1. 하나님께로부터 받은 바울의 비전은 그의 결정과 행동에 어떤 역할을 했을까요?
   _____
   _____

2. 바울의 사례를 통하여 여러분은 복음전파를 위해 자신이 가지고 있는 것들을 어떻게 사용하고 있나요?
   _____
   _____

3. 여러분이 바울과 같은 상황에 놓여 있다면 어떤 결정을 내렸을 것 같나요?
   _____
   _____

4. 고난을 두려워하지 않고 자신의 사명에 충성한 바울의 태도는 오늘 나에게 어떠한 도전을 주는지 함께 나누어 봅시다.
   _____
   _____

리더는 공통점이 하나밖에 없다.
비전과 선견지명이다.
리더는 다른 사람들보다 먼저 보고
다른 사람들보다 더 많이 본다.

Leaders have only one thing in common: Vision and Foresight.
They see before other people and they see more than other people.

존 맥스웰 John C. Maxwell

Lesson 10

요한의 리더십
'사랑과 영성'

John's Leadership

> 사도 요한은
> 예수님의 신성과 구원의 중요성을 명확히 증언했다.
> 밧모섬에 유배된 어려운 환경에서도
> 천국과 예수 그리스도의 환상을 경험하고
> 장차 오실 예수님에 대한 계시를 기록한 요한을 통해
> 사랑과 영성의 리더십에 대해 살펴보자.

Lesson 10
John's Leadership

요한의 리더십
'사랑과 영성'

 인물 탐구 '요한'

사도 요한은 신약성경에 나오는 예수님의 열두 제자 중 한 사람으로, 깊은 신앙과 사랑의 사도로 잘 알려져 있다. 그는 신약성경에서 요한복음, 요한1서, 요한2서, 요한3서, 그리고 요한계시록을 기록하였다. 요한의 이야기는 예수님으로부터 사랑받은 제자이자 하나님의 계시를 중심으로 전개된다.

요한은 갈릴리의 어부로, 그의 형제 야고보와 함께 예수님의 제자가 되었다. 예수님은 요한과 야고보 형제를 "보아너게Boanerge"라고 부르셨는데, 이는 '우레의 아들'이라는 뜻이다마가복음 3:17. 요한은 베드로, 야고보와 함께 예수님의 가장 가까운 제자로서 중요한 순간마다 예수님과 함께 있었다. 그는 변화산에서 예수님의 영광스러운 변모를 목격하였고마태복음 17:1-2, 겟세마네 동산에서 예수님의 고뇌도 함께하였다마태복음 26:37-38.

요한은 예수님의 사랑을 가장 깊이 체험한 제자였다. 그는 자신을 "예수께서 사랑하시는 제자"라고 언급하며, 예수님의 가르침과 사랑을 강조하였다. 요한복음은 예수님의 신성을 강조하며 시작된다.

> "태초에 말씀이 계시니라 이 말씀이 하나님과 함께 계셨으니 이 말씀은 곧 하나님이시니라" _요한복음 1:1

요한은 예수님의 이적과 가르침, 그리고 십자가와 부활을 상세히 기록하여 예수님이 하나님의 아들이심을 증언하였다. 예수님이 십자가에 달리셨을 때, 요한은 그 곁에 있었다. 예수님은 요한에게 자신의 어머니 마리아를 부탁하며 "보라 네 어머니라"요한복음 19:27고 말씀하셨다. 요한은 예수님의 말씀에 따라 마리아를 자신의 집으로 모셨다. 이 일은 요한이 예수님의 깊은 사랑과 신뢰를 받았음을 보여 준다. 예수님의 부활 후 요한은 다른 제자들과 함께 부활하신 예수님을 만났고, 오순절 성령 강림 사건을 경험하였다사도행전 2:1-4. 이후 요한은 베드로와 함께 예루살렘에서 복음을 전파하며 초대교회의 기둥이 되었다.

요한은 또한 여러 서신서를 통해 교회에 중요한 교훈을 남겼다. 요한1서에서는 하나님의 사랑과 형제 사랑의 중요성을 강조하며, "사랑하는 자들아 우리가 서로 사랑하자 사랑은 하나님께 속한 것이니"요한1서 4:7라고 가르친다. 요한은 교회 안에서 사랑과 진리를 지키며, 거짓 교사들로부터 성도들을 보호하는 역할을 하였다. 요한은 밧모섬에서 마지막 사역으로 요한계시록을 기록하였다. 그는 로마 제국의 박해로 인해 밧모섬에 유배되었으나, 그곳에서 하나님의 계시를 받았다. 요한계시록은 예수 그리스도의 재림과 하나님의 최후 승리를 예언하는 내용으로 가득 차 있다. "나에게 말한 음성을 알아 보려고 돌이킬 때에 일곱 금 촛대를 보았는데 촛대 사이에 인자 같은 이가"요한계시록 1:12-13라는 말씀처럼, 요한은 환상 속에서 예수님을 다시 만났고, 그분의 영광스러운 재림을 예언하였다.

사도 요한의 이야기는 예수님과의 깊은 친밀함과 하나님의 사랑을 중심으로 전개된다. 그는 예수님의 사랑을 깊이 체험하고 전파한 사도로서, 그의 생애와 글은 오늘날에도 많은 사람에게 큰 영감과 교훈을 주고 있다. 하나님의 사랑과 진리에 대한 요한의 가르침은 기독교 신앙의 중요한 기초가 되었고, 그의 충성의 리더십은 우리에게 큰 교훈을 주고 있다.

Bible

마가복음 3:17
또 세베대의 아들 야고보와 야고보의 형제 요한이니 이 둘에게는 보아너게 곧 우레의 아들이란 이름을 더하셨으며

마태복음 17:1-2
¹엿새 후에 예수께서 베드로와 야고보와 그 형제 요한을 데리시고 따로 높은 산에 올라가셨더니 ²그들 앞에서 변형되사 그 얼굴이 해 같이 빛나며 옷이 빛과 같이 희어졌더라

마태복음 26:37-38
³⁷베드로와 세베대의 두 아들을 데리고 가실새 고민하고 슬퍼하사 ³⁸이에 말씀하시되 내 마음이 매우 고민하여 죽게 되었으니 너희는 여기 머물러 나와 함께 깨어 있으라 하시고

사도행전 2:1-4
¹오순절 날이 이미 이르매 그들이 다같이 한 곳에 모였더니 ²홀연히 하늘로부터 급하고 강한 바람 같은 소리가 있어 그들이 앉은 온 집에 가득하며 ³마치 불의 혀처럼 갈라지는 것들이 그들에게 보여 각 사람 위에 하나씩 임하여 있더니 ⁴그들이 다 성령의 충만함을 받고 성령이 말하게 하심을 따라 다른 언어들로 말하기를 시작하니라

CHALLENGE TO JOHN
요한의 도전 '하늘의 비밀을 기록하고 전달하기'

밧모섬에서 유배된 지 꽤 오랜 시간이 흘렀다. 어느 날, 나는 기도 중에 성령의 감동을 받았고, 갑자기 뒤에서 나팔 소리 같은 큰 음성을 들었다. 그 음성은 강력하고 명확했으며, 마치 나를 깨우는 듯했다.

"요한아, 네가 보는 것을 책에 써서 아시아에 있는 일곱 교회, 곧 에베소, 서머나, 버가모, 두아디라, 사데, 빌라델비아, 라오디게아에 보내라."

나는 그 음성에 이끌려 돌아보았다. 거기에는 일곱 촛대가 있었고, 그 촛대 사이에 인자 같은 이가 서 있었다. 그는 발에 끌리는 옷을 입고 가슴에 금띠를 두르고 계셨다. 그의 머리와 머리카락은 흰 양털 같고, 눈은 불꽃 같았으며, 발은 풀무불에 단련된 빛나는 주석 같았다. 그 분이 곧 내가 사랑하는 주 예수님이었다!

예수님께서 말씀하셨다. "네가 본 것과 지금 있는 장차 될 일을 기록하여라." 나는 그 말씀을 기록하여 전할 준비가 되어 있었다. 어떠한 어려움이 닥쳐도 예수님께서 나에게 보여 주신 환상과 말씀을 교회에 반드시 전할 것이다.

Key Point
하나님께서는 요한에게 큰 환상과 계시를 보여 주시며, 소아시아 일곱 교회와 후대 교회를 위해 그 계시를 기록하게 하셨다. 리더라면 이런 상황에서 어떻게 해야 하는가?
요한이 그랬던 것처럼, 하나님에 대한 사랑과 지혜, 명철을 갖추고 끝까지 주어진 사명을 완수하는 자가 진정한 리더의 자격을 가진다.

LEADERSHIP LESSON
요한의 리더십

> "주의 날에 내가 성령에 감동되어 내 뒤에서 나는 나팔 소리 같은 큰 음성을 들으니 이르되 네가 보는 것을 두루마리에 써서 에베소, 서머나, 버가모, 두아디라, 사데, 빌라델비아, 라오디게아 등 일곱 교회에 보내라 하시기로"_요한계시록 1:10-11

요한계시록 1장에는 밧모섬으로 유배당한 요한이 기도 중에 환상을 통해 예수님을 만난 장면이 등장한다. 예수님은 그가 사랑했던 제자에게 소아시아 지방에 있는 일곱 교회를 향한 칭찬과 책망의 메시지를 전달하라고 하셨다. 그가 전달해야 했던 것은 권면의 말씀뿐 아니라, 장차 임할 미래에 대한 심판과 구원의 환상이었다. 이 엄청난 일을 위해 요한에게는 사랑과 영성의 능력이 필요했다. 하나님께서 주시는 영적 통찰력으로 그는 '요한계시록'이라는 책을 기록하였으며, 이 글은 당시 일곱 교회뿐 아니라 오늘날의 교회에도 동일한 하나님의 사랑과 계시로 인도해 준다.

리더십의 나침반 '사랑'

요한은 예수님께서 "우리 죄에서 우리를 해방시키시고, 우리를 그의 나라와 제사장으로 삼으셨다"라고 말한다_요한계시록 1:5-6. 이는 요한의 리더십이 예수님의 십자가 사랑에 근거하고 있음을 보여 준다. 요한은 무엇보다 먼저 예수님의 희생을 전한다. 예수님은 자신의 생명을 바쳐 사랑으로 우리를 구원하셨으며, 요한은 예수님께서 본을 보이신 이 희생과 사랑의 메시지를 교회에 전한다. 요한은 또 교회를 사랑하는 마음으로 주님의 말씀을 가감 없이 기록하여 전한다.

사랑의 리더십은 구성원의 영적 상태에 대해 관심을 갖고 정확히 진단한다. 그래서 때로 책망과 쓴소리를 하기도 하고, 동시에 긍정적인 면을 드러내 칭찬함으로 공동체의 성장과 발전을 도모한다. 요한은 유배 중에도 위험을 무릅쓰고 계시록을 기록함으로 교회의 영적 성장과 비전을 도왔다. 이는 요한이 그리스도와 교회에 헌신된 사랑의 리더였음을 보여 준다.

리더십의 키 '영성'

"예수 그리스도의 계시라 이는 하나님이 그에게 주사 반드시 속히 일어날 일들을 그 종들에게 보이시려고 그의 천사를 그 종 요한에게 보내어 알게 하신 것이라"_요한계시록 1:1

요한은 예수 그리스도로부터 하나님의 계시를 직접 받았음을 밝힌다. 이는 그가 그리스도로부터 직접적인 계시를 받을 만큼, 깊은 영적 통찰력을 지녔음을 보여 준다. 요한은 이 계시를 받아 교회에 전달하는 사명을 충실히 수행했다.

요한은 또한 기도의 사람이었다. 그는 기도 중에 하나님의 음성을 들었고, 자신의 능력 너머 일하시는 하나님의 역사를 경험하였다. 요한은 그가 본 환상을 통해 교회들이 미래를 준비하고, 하나님의 계획을 이해할 수 있도록 돕는다. 그는 교회들이 예수님의 재림과 종말에 대한 비전을 통해 영적으로 깨어 있을 것을 강조한다요한계시록 1:7-8. 요한의 영적 통찰력으로 소아시아의 일곱 교회는 진리 위에 바로 세워질 수 있었으며, 역사적으로 교회들도 역시 믿음과 사랑 안에서 영적인 복을 누릴 수 있게 되었다.

Bible

요한계시록 1:5-8
⁵또 충성된 증인으로 죽은 자들 가운데에서 먼저 나시고 땅의 임금들의 머리가 되신 예수 그리스도로 말미암아 은혜와 평강이 너희에게 있기를 원하노라 우리를 사랑하사 그의 피로 우리 죄에서 우리를 해방하시고 ⁶그의 아버지 하나님을 위하여 우리를 나라와 제사장으로 삼으신 그에게 영광과 능력이 세세토록 있기를 원하노라 아멘 ⁷볼지어다 그가 구름을 타고 오시리라 각 사람의 눈이 그를 보겠고 그를 찌른 자들도 볼 것이요 땅에 있는 모든 족속이 그로 말미암아 애곡하리니 그러하리라 아멘 ⁸주 하나님이 이르시되 나는 알파와 오메가라 이제도 있고 전에도 있었고 장차 올 자요 전능한 자라 하시더라

FAITH LIFE
신앙으로 살아가다 '시간을 정해 놓고 기도하기'

사도 요한이 밧모섬에 유배되어 있을 때 환상 가운데 천국을 보게 되었다. 하늘이 열리고 천국의 모습이 보이는데 그 한 가운데 어린양인 예수 그리스도가 많은 천사와 무리들 앞에 찬양을 받고 계셨다. 예수님 앞에는 하나님을 섬기는 가장 높은 천사장들이 네 생물의 모습으로 우리 주님을 찬양하고 있었고 모든 성도를 대표하는 24장로가 엎드려 주님을 경배하는데 거문고와 향이 가득한 금 대접을 갖고 있었다요한계시록 5:8.

요한의 환상은 기도의 중요성을 잘 보여 준다. 성도의 기도는 하나님 앞에 올라가는 아름다운 향과 같다. 주님께서 우리의 기도를 기뻐 받으시는 것이다. 성막 안을 향기가 가득 채운 것처럼, 교회와 성전 안을 성도의 기도로 가득 채워야 한다. 기도로 우리 삶을 가득 채울 때에 주님의 은혜가 임하게 되는 것이다.

기도하지 않으면 끊임없는 문제가 우리를 괴롭힌다. 그러나 간절히 기도하면 문제의 결박이 풀어지고, 주님 안에서 승리의 삶을 살아갈 수 있게 된다. 하나님을 잊고 하루를 바쁘게 지내다가 그저 생각날 때만 기도하는 습관을 가져선 안 된다. 시간을 정해 놓고 기도하는 것이 중요하다. 정해진 시간에 마음과 정성을 다해 기도할 때 주님께서 그 기도를 받으신다. 특별히 하루의 첫 시간과 마지막 시간에 하나님 말씀을 묵상하고 기도할 때 그 기도가 하늘로 올라가는 향기가 되어, 하나님이 기뻐 받으시는 기도가 된다.

우리의 간절한 기도와 진실된 기도가 하나님 보좌 앞에 상달될 때, 하나님의 은혜와 기적이 하늘로부터 오게 된다. 믿음의 기도가 치유와 기적을 가능하게 하고, 말씀과 성령의 역사를 이루게 하며, 선교와 하나님의 사명을 감당하게 한다.

Bible

요한계시록 5:8
그 두루마리를 취하시매 네 생물과 이십사 장로들이 그 어린 양 앞에 엎드려 각각 거문고와 향이 가득한 금 대접을 가졌으니 이 향은 성도의 기도들이라

INSIGHTS 배움 및 적용

요한은 늘 하나님과 교제하던 영적인 사람이었다. 밧모섬에 유배당한 요한은 기도 중에 소아시아 일곱 교회와 종말에 대한 하나님의 계시를 받게 된다. 리더는 항상 기도하는 사람이 되어야 한다. 그래야 비로소 자신의 한계와 능력을 뛰어 넘는 영적 통찰력과 비전으로 사명을 이룰 수 있다. 이 시대는 지성과 감성을 넘어 영성 있는 리더를 필요로 한다. 시대를 꿰뚫어 보고 미래를 통찰하는 능력은 언제나 절대자이신 하나님으로부터 받을 수 있다.

요한은 또 사랑의 리더였다. 그는 십자가에서 자신을 희생하신 예수 그리스도의 사랑을 깊이 체험하고, 그 사랑을 바탕으로 교회를 이끌었다. 언제 목숨을 잃어도 이상하지 않은 유배지에서 예수 그리스도의 계시를 기록하여 전달할 수 있었던 것은 예수 그리스도와 교회 공동체를 향한 그의 사랑 때문이었다. 요한의 사랑의 헌신으로 인해 소아시아 지방의 일곱 교회는 예수님의 책망과 칭찬을 통해 미래의 길과 방향을 인도받을 수 있었다.

모든 시대를 통틀어 교회들도 여전히 요한계시록을 통하여 힘과 용기와 비전을 얻고 있다. 어떤 어려운 상황이 닥치더라도, 우리도 요한처럼 꾸준한 기도의 영성과 사랑을 통해 많은 사람을 옳은 길로 인도할 수 있어야 한다.

REFLECTION **생각해 볼 질문**

1. 여러분이 요한과 같이 밧모섬에 유배되었다면 어떤 생각이 들었을 것 같나요?
   _____
   _____

2. 절망의 상황 속에서 요한이 요한계시록이라는 위대한 책을 남길 수 있었던 배경은 무엇이라고 생각하나요?
   _____
   _____

3. 요한은 하나님의 사랑을 받았으므로 서로 사랑하는 것이 마땅하다고 강조했습니다. 사랑의 빚을 지지 않기 위해 내가 먼저 손을 내밀어 사랑을 베풀어야 할 가족, 친지, 이웃이 있는지 서로 나누어 봅시다.
   _____
   _____

4. 우리 삶 속에서 하나님을 향한 기도가 필요한 이유에 대해 생각해 보고 기도 실천 계획을 세워봅시다.
   _____
   _____

영적 리더십은
하나님께서 사람들을 어디에 두시길 원하는지 알고,
하나님의 능력에 의지하여 그곳으로 데려가는 것이다.

Spiritual leadership is knowing where God wants people to be,
and taking the initiative to use God's methods to get them there
in reliance on God's power.

존 파이퍼 John Piper

Preview
이영훈 목사의 **절대긍정 시리즈**

절대긍정 영성 시리즈
Absolute Positivity Spirituality Series

총론 서적
절대긍정의 기적
이영훈 지음 | 교회성장연구소 | 값 17,000원

절대긍정을 오중긍정자신, 타인, 일과 사명, 환경, 미래에 대한 긍정과
삼중훈련긍정언어, 절대감사, 사랑나눔의 훈련의 핵심 원리로 풀어낸 개론서

훈련 교재
4차원 절대긍정학교
이영훈 지음 | 교회성장연구소 | 값 11,000원

성경적 원리에 따라 절대긍정지수PQ를 높이는 훈련 교재 매뉴얼
교회나 기관에서 (소)그룹으로 공부할 수 있는 교육 교재

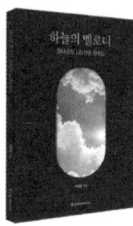

찬송 경배
하늘의 멜로디 '절대긍정 120 찬송 경배집'
이영훈 엮음 | 교회성장연구소 | 값 12,000원

절대긍정 찬양 120곡이 수록된 찬송 경배집

암송 말씀
절대긍정 120 말씀 캘린더
이영훈 엮음 | 교회성장연구소 | 값 19,000원

한 달에 열 개의 절대긍정 말씀과 메시지를
묵상하고 암송하는 말씀 캘린더

절대긍정 신학 시리즈
Absolute Positivity Theology Series

신학 개론 I
절대긍정의 신학적 기초
이영훈 지음 | 교회성장연구소 | 값 22,000원

삼위일체 하나님과 절대긍정 신학 개론서
좋으신 하나님을 바라보는 절대긍정의 신학적 기초

신학 개론 II
절대긍정의 신학적 실제
이영훈 지음 | 교회성장연구소 | 값 22,000원

절대긍정과 실천신학 개론서
좋으신 하나님과 함께하는 절대긍정의 실제적 적용

신학 교육 교재
절대긍정 신학 수업
이영훈 지음 | 교회성장연구소 | 값 14,000원

절대긍정의 신학적 이론과 실제교육 매뉴얼
절대긍정의 신학지수TQ 체크 리스트 140개 수록

www.pastor21.net

신앙으로 살아가다

초판 1쇄 발행 | 2024년 9월 6일

지 은 이 | 이영훈
편 집 인 | 홍영기
펴 낸 곳 | 세계교회성장연구원

등록번호 | 제 12-177호
주　　소 | 서울시 영등포구 은행로 59, 4층
전　　화 | 02-2036-7936
팩　　스 | 02-2036-7910
쇼 핑 몰 | www.pastor21.net

※ 책 값은 뒤표지에 있습니다.
※ 잘못된 책은 구입하신 곳에서 교환해 드립니다.
※ 이 책은 저작권법에 의해 보호를 받는 저작물이므로 무단 전재 및 무단 복제를 금합니다.

ISBN | 978-89-8304-080-0 03230

"무슨 일을 하든지 마음을 다하여 주께 하듯 하라" 골로새서 3:23

세계교회성장연구원CGW, Church Growth Worldwide은 한국과 세계의 모든 교회가 건강하게 부흥하고 성장하여 하나님께 영광을 돌리는 것을 목표로 목회자들의 영성과 리더십 개발과 평신도들의 영적 성숙을 위한 필독서를 출간한다. 모든 사역의 시작과 끝을 기도로 임하며 하나님 중심의 경영이 되게 한다. "무슨 일을 하든지 마음을 다하여 주께 하듯 하라"는 말씀을 마음에 새겨 하나님이 주신 출판의 사명을 기쁨으로 감당하고 있다.